华夏文库·民俗书系

稻神的四季歌

雷英章　陆有作　著

中原传媒　中州古籍出版社

《华夏文库》发凡

毫无疑问，每一个时代都有属于自己时代的精神追求、文化叩问与出版理想。我们不禁要问，在 21 世纪初叶，在全球文明交融的今天，在信息文明的发轫初期，作为中国出版人，我们正在或者将要追求什么？我们能够成就或者奉献什么？我们以何种方式参与全球化时代的文化传播进程？在一连串的追问下，于是，有了这套《华夏文库》的出版。

自信才能交融。世界各大文明在坚守自身文化个性的同时，不约而同地加快了探视其他文化精神内涵的步伐，世界不同文明正在朝着了解、交流、碰撞、借鉴与融合的方向前进。在此背景下，建立自身的文化自信，正是与世界各文明民族进行文化交流的基本要求。五千年中华文明与文化正在不断地被其他文明所发现、所挖掘、所认知，汉语言正在生长为世界语言，儒文化正在世界各地生根发芽。

借助这样一种正在成长着的文化自信、自觉、开放、亲和之力，用我们这个时代的学术眼光全面系统梳理中华五千年的文明与文化，向其他各大文明与文化圈正面展示自我，让中华优秀文化成为世界文化的重要组成部分，正是我们出版这套文库的目的之一。此其一。

知己才能知彼。身处五千年文化浸润的今天，重新审视我们先人的人生思考、价值思考与哲学思考，找到一个民族、一个国家的价值所在、立命所在、安身所在,这已经是我们这个时代的学人与出版人不得不再思考的问题。作为中华文明的一分子,我们在思考的同时,还必须了解我们的先人创造了如何优秀的精神文明与物质文明以及社会文明。只有熟知自己的文化,热爱自己的文化,悟明自己的文化,我们才能宣说自己、弘扬自己、光大自己。因此,我们策划组织这套《华夏文库》的初衷,还在于让当下的知识青年全面系统瞭望中华文明与文化的全景,并借此能够对更为深广的世界其他民族文化提供一个比较认知的基础。此其二。

顺势才能有为。我们正处在农耕文明、工业文明、信息文明的交汇处,信息文明带领我们从读纸时代进入读屏时代,以智能手机屏幕为代表的书籍呈现方式正在与纸质书籍争夺阅读时间与空间。我们正在领悟数字技术,正在以信息文明的视角,去整理、分析和研究农耕文明与工业文明的文化遗产,不仅仅是为了唤醒优秀的传统文化,我们还在生发和原创着当今时代的文化。由此,我们试图架起一座桥梁——由纸质呈现而数字呈现,由数字呈现而纸质呈现,以多媒介的书籍呈现方式,将文字、图像、声音与视频四者结合,共同筑成《华夏文库》以奉献给信息文明时代的新读者。此其三。

总之,这是一套——专家大家名家写小书;以最小的阅读单元,原创撰写中华精神文明、物质文明与社会文明系列主题与专题;以图文、声视频多媒介呈现的方式,全面介绍与传播中华文明与优秀文化,系统普及与推介中华文明与文化知识;主旨是为了让世界与中国共同了解中国的——大型丛书,借此,复兴文化,唤起精神,融入世界。

耿相新
2013 年 6 月 27 日

《华夏文库·民俗书系》序

　　《民俗书系》是中原出版传媒集团一项浩大工程《华夏文库》的一个重要组成部分，分为十个系列：生产贸易民俗系列，衣食住行民俗系列，社会家庭民俗系列，人生仪礼民俗系列，生态、科技民俗系列，信仰民俗系列，岁时节令民俗系列，语言文学民俗系列，民间游乐民俗系列和民间艺术系列，涉及民俗文化的所有方面。这是一套具有相当规模的民俗类丛书。第一期约300本，每个省、自治区、直辖市10本左右。以后还有第二期、第三期。从数量上看，这套书在民俗文化呈现的广度方面是前所未有的。

　　有规模，成体系，才能产生深刻而广泛的社会效应。就民俗文化而言，一两本书，做得再精致，影响也是有限的。只有达到一定规模，才能全面、系统而又细致地展现中国各民族各地区丰富灿烂的民俗文化。中国幅员广阔、民族众多，以往有关民俗文化的呈现多是局部的，有很大的局限性，而《民俗书系》是对中华各民族民俗文化全方位的展示，超越了已出版的任何一套民俗丛书。这有助于对中华各民族民俗文化进行整体观照，多向度地把握、理解和享用中华各民族民俗文化。

　　十个系列仅仅定了《民俗书系》选题的范围和领域，而每本书的选题要求主要体现在两个方面。一是强调具体和细微。选题越具体越好，越细微越好。以往民俗文化方面的书，选题都比较大，侧重在"面"

上,而《民俗书系》的选题,侧重在"点"上。譬如中国民居方面的选题,以往即为中国民居,如陕北窑洞、蒙古包、客家民居、北京四合院等。我们这套书要求选题更为具体,诸如门、床、窗、影壁、屋脊、砖雕、上梁仪式、天井等等。选题越具体、越集中,越能写得深入,越能说得透彻,从不同方面把这一指向范围细微的"事象"的表现形式、过程、内涵阐述清楚。一个选题,仅涉及一个方面的话题或事物,全书就围绕一个具体的民俗"事象"集中笔墨展开阐述。

二是强调地域性。选择具有地方特色的民俗文化。选题不避偏,即便是不为外界所知的民俗文化"事象",也可以作为选题。这样的选题纳入整套书系之中,其所描述的对象就成为整个中华民族民间文化体系中的一部分,具有不可替代的位置。通过这套文库的出版,将这一原本影响不大的民俗文化"事象"推向全国,乃至世界。此处的地域是具体的,不是覆盖整个省,甚至大片地区和流域,而是局限于某一市县、某一城镇、某一村落。写一个具体地方的某一具体的民俗"事象",民俗"事象"所流传的范围是明确的。当然,也有的以一个地方的某一民俗"事象"为书写中心,适当涉及其他地方相同的民俗"事象",包括引用其起源、历史发展脉络和内涵分析等方面的相关资料,采用了以点带面的叙述范式。也有的通过图片的方式,连接其他地方同一民俗文化"事象",做一些适当比较。

在这两点要求的基础上,这套书系的选题是开放性的,面向中华各民族的广袤大地和民俗文化的汪洋大海。

《民俗书系》中的每本书字数在 6 万~7 万,配有多幅图。根据选题本身的特点选择不同的写作角度和呈现方式,甚至有的以图为主,文字只是起到辅助、说明的作用。也有的以一个故事或传说为引导,再进入民俗"事象"本身,展开层层阐述。每本书的结构简洁而又灵活，便于作者把握和读者阅读。在述与论的关系方面，以"述"为主，"述"是全书主要的行文方式和表现主体；以"论"为辅，富有层次地清晰展示特定民俗"事象"的表现形态及其现状和历史，说明其深厚的文化内涵，提供其社会及文化背景。每幅图片都有比较翔实的说明，诸如图片中的人是谁，在干什么，主要景观和物品的名称、含义，画面属于仪式过程的哪个环节等。配图不只是为了美观，而是整本书的有机组成部分。

这套《民俗书系》追求一种原生态的写作境界。这里的原生态，就是强调民俗表达的原汁原味。所使用的文字素材和图片基本上是作者自己采集到的第一手资料，夯实了全书的所有内容。这套书系的作者绝大多数不是学者或专业研究人员，而是地方文化精英，是地方民间文化传统的积极传承者。作者就是当地人，对这一选题或这一民俗"事象"最为熟悉，而且反复经历和参与过这一民俗活动，最了解这一民俗活动，并具有一定的书面语言表达能力，是最适合写这本书的人。作者对这一选题有比较丰富的资料积累和信息储备，是这一选题的代言人和权威，而此书的出版更是对作者在这一方面权威地位的认定。这套书系的价值主要不是学术上的，不是理论方法方面的，而是其发掘地方民俗文化资源，真实、客观地再现了民俗文化，展示了民俗文化本身具有的文化魅力和现实意义。这套书系可称之为原生态民俗书系。

《民俗书系》编纂和出版的动机是宏伟的，具有高远的历史文化志向和神圣的现实责任感。这一浩大工程值得您的期待，更值得您的关注。

万建中
2015年1月20日于京师园

目 录

引言 ··· 1

一 传承

1 起源 ··· 5
2 传承 ··· 10
3 亚洲地区稻神崇拜现象 ··· 17

二 春之歌

1 春节 ··· 23
2 "三月三"(三月四)歌圩 ·· 37

三 夏之歌

1. 那桐镇"四月八"农具节 …………………… 57
2. 丁当镇文体节 …………………………………… 80
3. 城厢镇"五一三"稻神祭庆典活动 …………… 91
4. 稻谷节 …………………………………………… 101
5. 芒那节 …………………………………………… 104

四 秋之歌

1. 鬼节和娅王节 ………………………………… 119
2. 尝新节 ………………………………………… 127

五 冬之歌

仓神节 ……………………………………………… 132

引 言

稻神祭,是桂西南壮族人民在长期的农耕生活和稻作劳动中形成的以娱神为内容的,带有浓郁地方特色的祭祀风俗,含有历史、宗教、民俗、艺术、商贸等诸多文化内容。它主要分布于广西西南部,以隆安县为中心,波及左右江三角洲地带,东起南宁西乡塘区金陵、坛洛镇,南起扶绥县的中东、昌平、渠黎镇,西北至平果、田东、田阳镇

博浪村拦河水坝
陈建华 摄

等地区。最为集中的是隆安县的那桐、乔建、丁当、南圩等乡镇,渌水江、罗兴江、右江三江汇合处的罗兴、鹭鹚、博浪、儒浩、廷罗等村屯是隆安县稻神祭活动的中心区。

稻神祭是壮族各种节日活动中的一个重要内容,一年四季都在进行,而要数每年的春节、三月三、四月八、五月五、五月二十六、六月六、六月二十四、七月十三、七月二十和十月十最为隆重。其中,三月初三、初四的歌圩节是春耕前的狂欢,目的是祈求当年的水稻丰收;四月八举行祭祀农具、祈雨、敬牛、大酬雷表演等活动,旨在祈求水神降雨,好开展生产;五月二十六的稻谷节,是纪念隆英、隆雄兄弟俩凿渠灌溉的功德;六月六(或五月五、六月二十四、七月十三)芒那节举行赎稻魂、驱田鬼、请娅王等活动,祈祷水稻灌浆,结出稻穗;

大同村古老的分水坝
陆有作 摄

七月二十娅王节，是纪念稻神娅王的日子；十月初十尝新节，人神共尝新谷，人们在这个节日报答稻神给予的丰收。总之，祭祀稻神活动一年四季不断，贯穿于稻作农业生产的始终，是壮族人民稻神崇拜在民俗中的活态体现。

隆安稻神祭是桂西南壮民族稻作文化生活的缩影，对于研究我国壮民族的历史、政治、经济、文化等都具有重要意义，具有很高的历史价值和民族学、民俗学价值。它来源于鸟图腾崇拜和娅王崇拜。在生产力低下的原始社会，骆越先民为了祈求水稻丰收，常常运用朴素的类比联想的思维方式，借助女性所特有的生殖功能，以人类的繁衍来类比谷物的繁殖，将种子发芽、生长、抽穗、结实等生物现象与人类的受孕、怀胎、产子等现象加以类比、联想，强调其生殖繁衍功能。因此稻神的形象越来越拟人化，被定位为具有生育繁殖功能的女性，还被神圣化，并被赋予超自然神灵的身份和法力，在人们心目中有着备受尊崇的地位。他们把对鸟的图腾崇拜与对女性的生殖崇拜结合起来，产生了对娅王——一个拟人化了的稻神形象的崇拜。因此，在隆安壮族民间，留存有大量的鸟图腾崇拜和娅王崇拜习俗，这些习俗贯穿于稻作生产的始终。这不仅是鸟图腾崇拜（后来进一步演变为娅王崇拜）的体现，同时是壮族万物有灵观念的具体体现，也是壮族人民"两种生产"（即水稻生产和人自身生产）价值观的体现。

稻神祭活动至今仍活跃在壮民的生产、生活中，在当地具有广泛的群众基础，也是具有较大影响的民族民间文化现象。它虽然历经数千年的风雨而不衰竭，但受当代全球经济一体化的影响，后继乏人，处于失传的边缘。因此，有必要加以保护和传承。

一 传承

1 起源

隆安县出土的文物和已发掘的祭祀坑证明,与稻作文化相伴随的祭祀活动在6000年前的新石器时代就开始了。

隆安大龙潭文化遗址地层中收集的炭屑,经测距今约6000年。大龙潭有的灰坑分上下两层,围成圆圈,石铲被埋在一米多深的地下,这种奇特的堆放形式经验证与农业祭祀有关。从出土和"出水"的一

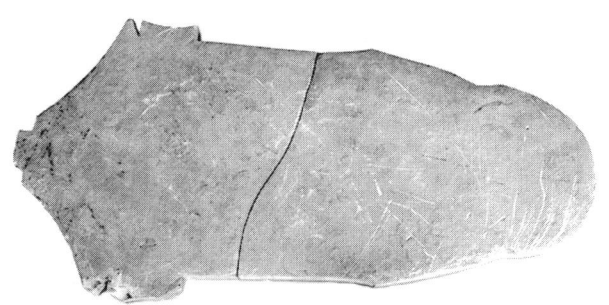

隆安出土的大石铲
陈建华 摄
(这把大石铲长77厘米,肩宽41厘米,厚2厘米,是目前国内发现的最大的大石铲)

些玉质石铲等完全不具有实用价值的祭祀用农具来看，祭祀石铲从生产用的石铲到与实用绝缘的象征物，变成了一种神器或权力重器。这些祭祀坑的发掘结果表明，古人在农业祭祀时摆设农业生产工具，用来祈年、拜日、报天，向大地祈求丰收。

隆安当地有稻神祭起源的传说。远古壮族先民以野果为生，常常食不果腹，女神娅王就给人们送来了稻种，并教会人们种植和收割水稻的技术。为了感谢娅王，人们把娅王尊为"稻神"，有部分地方尊其为"大王"，还为她立了大王庙，并将她的生日六月初六作为水稻的诞生日，在每年的这一天进行祭祀。稻神祭活动始于远古，具体时间已无从考证。但根据1991年由广西人民出版社出版的《布洛陀经诗译注》中的《赎谷魂经》"谷魂四处逃，谷魂到处散，王搭花神龛，把谷魂招归，回来吧谷魂，归来吧谷魂"的记载和《布洛陀经诗》中其他内容分析可以推断，远在母系氏族社会向父系氏族社会转变期间，"招谷魂"这一祭神仪式就已被壮族先民所掌握。此外，《隆安县志》"农历五月二十六或六月初六为祭禾节，俗称'赶田鬼节'。此节在各地颇盛行"和《武鸣县志》"农历六月初六祭田祖，农村各家各户备鸡肉、猪肉等供品到田头拜祭，在田边插上一杆白纸串，烧化纸钱，以驱鸟保丰收"，以及《平果县志》"四月初八拜秧节，年逢此日，农村壮家皆备祭品到秧田埂摆供，在秧田间插纸幡，祈祷老天保佑，喜获粮丰"的记载说明，壮族民众的稻神祭活动，不仅历史悠久，而且范围非常广泛。

根据考证，至迟在汉代，祭祀稻神的习俗已经风靡岭南地区，形成固定的风俗。近年来，广西在骆越的主要聚落遗址出土了许多汉代的泥塑，其中有一部分是反映稻作文化的泥塑明器，在这些明器中发现了一组反映古骆越人在田间祭祀场景的明器，比较具体地记录了汉代或更早的骆越人祭祀稻神的主要仪式场景。

下图是一个稻神祭祀场面的再现。从整体来看，稻神祭祀活动是在田间进行的，这表明当时已出现了大规模的稻作农业。稻田的一角有一个套牛准备犁田的农民形象的陶俑，说明当时牛耕已普遍出现。整个泥塑作品反映的是一个举行稻神祭祀的场面，现场的人有敲铜鼓的、摆祭品的、做祭拜动作的，也有做犁田仪式的。其中一人在田头摆放一个有尖顶盖的圆桶状物，因为泥塑相对抽象，无法清楚地辨别祭器的细节，但从其形态看，估计是一个盛有糯米饭的蒸饭釜。主要祭祀的供品摆放在田头，说明当时稻神祭祀必须有祭品，而且祭品可能是稻米饭。这是泥塑透露的第一个内容。

其透露的第二个内容是敲铜鼓。图中可看到一人直立着敲击铜鼓，后面有一人弯着腰用桶状物对着铜鼓，这样的场景在现在很多用铜鼓

汉代祭祀稻神明器
谢中国 供图

的民族中十分常见。敲铜鼓者,需两人一组,一人击鼓时,另一人要手持空木桶,在鼓面后随节奏反复鼓荡,使木桶和鼓之间形成一个共鸣箱,从而发出浑厚洪亮、动人心魄的声音。从图中可以看出祭稻神的一个重要的内容就是敲击铜鼓。据民间传说,铜鼓是求雨时模仿雷公打雷而做的一个法器,是沟通天地的神器。

  明器透露出的第三个内容是主祭师的祭祀姿势。在田中有一个人跪坐着做祭祀动作。这样的祭祀方式在武鸣和隆安一带的民间稻神祭祀中还有遗存。据武鸣县的一些老人介绍,新中国成立以前土地私有时,祭稻神的一个很重要又很特别的仪式就是裸露身体,只穿短裤,用田里的泥浆涂抹全身,在田中举起双手,两腿半蹲坐着,待祭祀仪

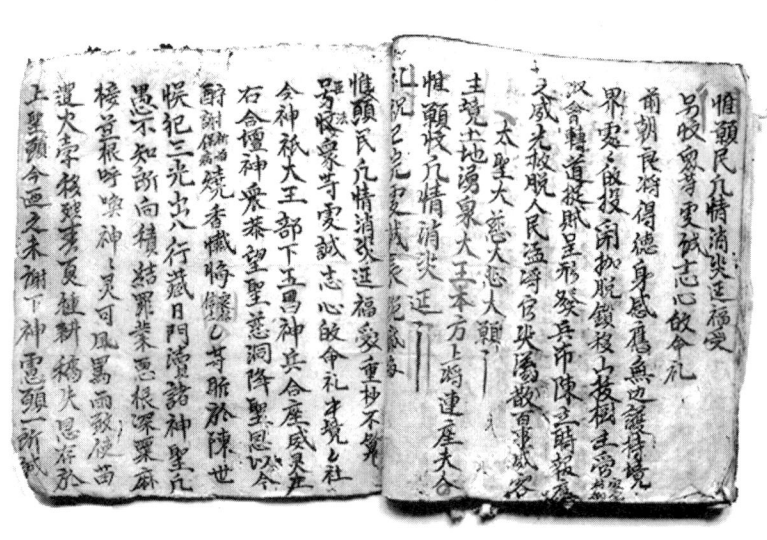

道公经书《护佑章》
陆有作 摄

式完毕才能冲洗净身。这是古老的骆越人祭稻神和求雨的一个标志性动作。这一动作也和花山壁画上的人像动作相似。中央民族大学原副校长、博士生导师、中国民间文艺家协会稻作文化委员会主任梁庭望先生认为，花山壁画上人的祭祀动作实际上也是一种古老的求雨姿势，人们祈求风调雨顺，五谷丰登。

2 传承

历史：隆安县乔建镇儒浩村在清道光十八年（1838）十二月十八日立的《众修庙宇两庶戏台碑记》载"吾大王庙自立庙距今经三百余载，虽屡修饰，未免有朽坏之虞，去年秋爰议再整"。据此，该村的大王庙约建于明代正德和嘉靖年间，距今已有500多年的历史。由此可见，从6000年前到500年前这5500年间，稻神祭活动在隆安已经非常盛行。另外，据鹭鹚村101岁的李美杏老太太说，她在小时候就已经看到其祖父母每逢六月初六便到庙里和田头去举行祭拜稻神仪式，而且村子里这个活动至今不断。此外，从隆安普遍建有大王庙这个现象上分析，隆安的稻神祭活动不仅普及面广，而且历史非常悠久。

兴盛：稻神祭伴随着古骆越人的稻作生产、生活而产生，通过历代的农业生产而发展，至明、清、民国时期达到成熟兴盛期。

衰退：新中国成立后，特别是进入农村合作化以后，由于土地收归国有，各家各户没有了自己的土地，加上破除迷信的宣传活动，稻神祭被人为地扼制。

复苏：改革开放后由于分田到户，农民又自发地开始举行稻神祭活动，稻神祭进入了复苏期。复苏期以来，稻神祭活动又有了新的发展，尤其是进入非物质文化遗产搜集整理阶段和县政府决定培育隆安"那"文化品牌以后，稻神祭更是受到政府相关部门的重视，并得到全面保护。

传承谱系：隆安稻神祭作为有几千年历史的，至今仍活跃在壮族地区的稻作文化活动，涌现了许多祭祀传人。因为是全民参与的一种普遍活动，也可以说参加活动的每一位壮族同胞都是其传承人。但从其祭祀仪式的组织上看，则有一些祭祀人员，当地称之为"师公"的，成为当地公认的代表性艺人。他们有着独特的传承体系与方式，表演的祭祀活动也有其独具特色的音乐、舞蹈形式，但历代"师公"均名

壮族传统纺织技术
陈建华　摄

不见经传，所以难以在史料中找到记载。从民间口述情况可追溯如下：

第一代：陆仕癸，男，壮族，生卒年不详。

第二代：陆能称，男，壮族，生卒年不详。

第三代：陆清莲，女，壮族，1911年出生，2009年8月去世。

第四代：李美杏，女，壮族，1913年出生，鹭鹚村农民，未读过书。

第五代：雷达，男，壮族，1965年出生，党员，大专文化，现任隆安县乔建镇博浪村村委主任，现在仍务农并坚持组织祭祀活动。

雷达是第四代传承人李美杏的徒弟。他从小生活在稻神祭发源地博浪村，自懂事起就跟着长辈们一起参与祭稻神活动。由于历史原因，有一个时期稻神祭活动被扼制，长辈们采用小规模、简化的形式进行稻神祭的场景，在他脑海里留下了深刻的印象。后来土地重新分田到户，人们又恢复了稻神祭活动，但此时由于受到各种各样的文化冲击，稻神祭还没能形成现有的规模。雷达完成学业返乡务农后，听师傅李美杏回忆起过去稻神祭的热闹场面，于是萌发了把稻神祭做强做大的想法。他凭着自己的热忱与威信，组织乡亲们集资请道公、戏班，发动群众积极参与稻神祭，终于形成了现今具有广泛影响的稻神祭活动。

虽然如此，稻神祭习俗的濒危现状仍越来越明显，不可忽视。1978年后，虽然稻神祭的传承得到恢复，但很快又受到现代化进程和强势文化的激烈冲击。随着农业机械化、现代化步伐的加快，农户们都拥有了较为先进的生产工具，给水、排水设施齐全，消灭病虫害能力大大加强，基本上可以旱涝保收，年年丰收，征服大自然的信心大大增强，对原始的稻神的依赖基本消失，在意识形态上，原生形态的稻神祭出现了生存危机。一些老师公年事已高，后继无人，许多师公技艺面临失传。现在年青一代价值取向转变，追求的是时尚娱乐，欣赏、传承古老文化的热情正在丧失。这一切是造成稻神祭濒危的社会历史文化背景。随着时间的流逝，老一代著名师公人数锐减，亟须采取有力的可行的保护措施，使稻神祭能够继续传承下去。

壮族其他地区稻神崇拜现象：其实，稻神崇拜并非隆安独有，在广大的壮族地区，稻神崇拜是普遍存在的，说明了同为"那"文化圈中原始崇拜的普遍性。在此列举一二：

在广西崇左扶绥县一些壮族村屯，人们认为稻禾有神灵。因此每年的三、四、六月从播秧到插秧，都要祭祀禾神——

三月初三，时值下秧，人们做糍粑并将糍粑摆在田边后，一边播秧一边祈祷，求禾神庇佑秧苗长齐。

四月插秧前，人们杀鸡祭田，传说这是为禾神下田开路。

六月初六，每家要杀一只鸡去拜田。在拜田时，拜者先用秧苗两三蔸膜拜，祈求今年丰收。同时，插一些小花旗在田边，并烧纸钱，以示人们对禾神的崇敬。

在插秧之前，往往要先举行"祭田"。在广西凭祥一带旧时农耕习俗是当地各村多择吉日统一插田。届时由各户已婚妇女（忌孕妇和寡妇）用桃树枝煮水洗手，随后用茅草在田头插"十"字架，焚香祭田神，祈求生产顺利，祭毕即可动手插秧。插秧时只能从空中将秧成把抛入田中，忌用手传递。

另外，广西南部地区也举行"开耙节"仪式。开耙节，亦称开秧节、插秧节，是广西南部壮族民间的农祀节日，于每年农历四月初四或初八举行。节日期间人们须请道公赶鬼后才开始耙田插秧。

到插秧季节，在开插前，要举行"拜秧"仪式，过拜秧节。"都安一带，每年在谷雨插秧之日，都要举行拜秧仪式。用猪肉、鸡、鸭、酒等供品到田头拜祭,以求秧苗快长。"这实际是对稻神的崇拜。

插完秧之后,还要举行祭田神仪式,叫"关秧门"。"春插结束时,将秧盘、秧篮、犁耙、耕牛等一起带到河边擦洗干净,人亦用秧苗将手脚擦净,然后将插剩的秧苗洗净挑回家,或置于墙头,或留作孵鸭仔的草窝用,以示年年有余之意。当晚,主家设宴请帮助插秧的邻里好友,以示酬谢。亦有人备鸡、肉、酒、饭到田边祭祀田神。"

关于拜秧,各地说法、做法及具体时间大同小异。武鸣县记载的祈丰节亦是拜秧节。"农历四月初四或四月初八,又名拜秧节。四月以后,雨水充沛,农家开始插秧种田。四月初八为天皇巡天日,家家户户要备上好的食物祭奉孝敬天皇,以取悦天皇保佑丰年。下午四五点钟以后,载歌载舞,欢送天皇回宫。"这里的天皇,实际成了稻神王,只有天皇保佑,今年才得好收成。

关于祭田神,有的地方叫"祭田祖",有的地方过"祭田祖节"。

关于"祭田祖",广西农村是非常普遍的。"农历六月初六,早稻开始登场,农家将此日定为食新之节,这天各家准备好牲醴,携带香烛,来到田边祭田祖,酬谢其恩惠,祈望有更好的丰年。有的还在田祖庙中插上纸幡,认为此举可以驱逐害虫。"

从"万物有灵"观念出发,古代骆越先民认为稻谷是有魂灵的。如果秧苗长得不好,说明禾苗魂已出走,要招回来。因此桂西一带民间常有"卜谷魂"仪式。如旧时广西东兰等地的壮族巫术。当地旧俗认为,农作物受灾时会落魂,须请师公卜谷魂,预测当年农作物的丰歉。届时在屋里的桌上放一碗稻谷,由师公焚香念经后卜卦。如三卦都呈阴,则预示农作物还要受灾;如三卦都是阳,则丰歉各半;如三卦都是顺,则预示丰收。

如果谷魂受到外来冲击,如狂风暴雨,稻秧便会失魂落魄。要做法事，念《赎谷魂经》，把谷魂招回来。在《布洛陀经诗》中专门有一章《赎谷魂经》。在这篇经文里，先叙述谷子的来历，并教知人们耕种方法。首先告知谷魂是神农造的，并告知"四月是种田的时节"。过去古人种出来的谷子，一粒"谷粒像柚子那么大"。"三人同吃一粒米，七人同吃一穗谷。"后来洪水漫天和各种原因，谷穗变种，人们仍照常耕种，然而"禾蔸不抽穗，抽穗不结粒，王的旱谷含花死，王的稻谷含苞死，王的稻谷断了魂，王伤心烦恼，王十分忧虑，去问布洛陀，去问乜渌甲，布洛陀就讲，乜渌甲就说，你去扎带花的神龛，你去安赎谷魂的神台，谷魂就赎得回，秧魂就赎得归。王依照布洛陀的交代，王遵照布洛陀的吩咐，王搭起扎花的神龛，王安起赎谷魂的神位，把谷魂招回田里……王的旱谷重新生长，王的稻谷又长得饱满"。"把谷魂赎回，把谷魂赎归。"麽公们念道："回来吧谷魂，归来吧谷魂！三十种旱谷请回，四十种稻种请归，三垌田的谷魂也回，五垌田的谷魂也归，前年的粳米魂也要回来，去年的糯谷魂也要归来，草丛里的米魂也要回，芦苇丛里的谷魂一齐归。"

为了让禾苗生长旺盛，一些地方还采取特别做法，举行祭青苗活动，并年年过青苗节。

"祭青苗节，桂西壮族民间农祀节日。每年农历七月间择日举行。届时，以猪肉、米饭作为供品祭村外田边，表示让禾苗神享用，接着开始路禁，以免惊扰苗神。同时全村老少集聚在一起，一边饮酒，一边高唱农事歌，预祝丰收。"在稻禾将收未收时，还要举行"尝新节"。

"尝新节，壮族传统节日，时在农历九月初九。相传，很久以前，洪水淹没壮族村寨田园，谷物失收，饥荒逼人。谷神拯救万民，撒下谷种。水退后，种子发芽，一天长几寸，第七天就抽穗结粒。百姓在谷子未全成熟时，即收嫩谷充饥，后演变成节日。因而每年这一天，农家妇女便把露黄未退的糯谷收割一些回来,脱粒后在热锅上炒熟,趁热配嫩姜叶冲筛,制成'糇某'(意为"咀嚼的新米")供祭谷神,并互送邻里尝新。"

由于百姓对稻禾的祭祀和奉供,最终获得丰收。丰收后还要举行收镰仪式,亦叫"收镰节"。

"收镰节,壮族传统农事祭祀节日。秋收结束后,壮族农家为了报答土地神的恩惠,农历十月十五日,家家户户蒸糯米舂糍粑,杀鸡宰鸭拜土地庙,以庆丰收,并告示全年谷物已收完,将割禾镰刀等器具洗净收藏,来年备用。"收割后,新谷登场,又要举行"新谷节"仪式。

"新谷节,广西大新县壮族民间农祀节日。每年农历十月收割完了之后的第一天,用新收获的糯米舂糍粑,同时杀鸡宰鸭祭奉祖神,以示敬丰。"

丰收之后,不能忘记稻神的恩惠,要举行"还愿"仪式。

"还愿",是为"秋祈"。"届时,再备牺牲祭祀上述诸神,感谢它们赐予当年丰收,希望来年仍给予神力保佑,是多神崇拜的宗教习俗。"

3 亚洲地区稻神崇拜现象

在水稻生产过程中,人们对影响水稻丰收的病虫害或旱、涝、飓风等自然灾害束手无策,对繁重的稻作生产劳动给人体带来的病痛也往往无法解决。人们把对丰收的期望、对风调雨顺的祈求都寄托于神灵的护佑。于是,自古以来人类心目中都认为稻是神和祖先的赐予,无论中外,都不例外。而且稻神的传说至今还流传着,并演变为民间的节日活动。

这种原始的思路是有共性的,所以亚洲种稻的国家和地区,每到收获时,必先祭祀谷神和祖宗。由于稻谷的开花、抽穗与妇女的怀孕、生育相似,所以人们想象中的稻神也大都是女性。如印度、泰国、印尼都有自己的女性稻神。中国浙中和浙东地区的一些农村,在1950年之前还普遍流行女性稻神的崇拜,并建立青秧庙,庙神称"秧姑娘"或"稻花仙姑",每逢节日,有复杂的祭祀祈求活动。有趣的是菲律宾吕宋岛流行的稻神是一男一女两个木雕神像。神的身体像人,头面却像猴子,女神已怀孕,象征丰收。中国海南省的黎族人信奉的稻神也是双性的,称稻公稻母,每年农历九月水稻收获后,全村人集合在一起,祭祀稻公稻母,敲锣打鼓、喝酒跳舞,为稻神招魂。

我国东南地区,谷神崇拜比比皆是。

在江西民间,将谷神俗称为"福主",亦称"福主公公"。因地域不同,有称"冯侯福主",也有称"红联福主"等。福主的生日,一般在秋收以后或一年的开始。传说,福主是幸福神,农民的生存全靠他。因此人们对他特别有好感,因为他帮助农民实现五谷丰登、六畜兴旺,所以每年到了这一天,家家杀鸡、杀鸭供奉福主。瑞金农村祭祀的福主叫冯侯福主。壬田乡每年农历九月十三行会,其规模盛大,几乎冠盖一县。此外,大柏地乡每年五月初一行会,祭祀红联福主。黄舶乡每年农历正月初九赶福主会,为时半个月,祭祀河神福主。崇义县农村,正月初五祭祀五谷神。到了农历六月,新谷登场要再次举行祭祀五谷神仪式。一般祭祀谷神是在新谷收割之后,与尝新仪式同时进行,既庆祝丰收,又感谢谷神的恩惠。

在浙江民间,五谷神的地位比财神高,百姓对谷神的信仰十分虔诚,他们相信只要留住谷神,就不愁吃不愁穿。五谷神的形态多种多样,有的还保留较原始的形态。龙游地区的一些民众认为,五谷神是一种青色的意念,以青草作为其化身。江山、东阳等地,把稻谷奉为五谷神。奉化地区则把麻雀、青蛙、蚯蚓、牛、龙奉为五谷神。还有不少人格化的五谷神,如余杭一带的农民相信田公田婆是稻谷的保护神,他们是一对农民夫妇,他们总结出经常给稻田换土,使稻谷获得丰收的经验。嘉兴一带百姓则说田公田婆是大禹的部将,负责管理五谷,对田公田婆的祭祀十分频繁,从播种、拔秧,到夏至、开镰,直至秋收,水稻生产的各个环节都要进行祭祀。另外,春节、社日、清明、中元等传统节日,也少不了要祭祀田公田婆。还有以佛教的布袋和尚或以官员为五谷神的。

福建各地农民非常重视"保禾苗"的祭祀活动。时间大多选在"五月节",即端午节前后进行。一般要带些香烛、纸钱到田头,焚香祷

民俗专家在开展田野调查
雷英章　摄

告土地神,祈求神保护水稻安康抽穗,直至丰稔。永定县祭祀神灵很隆重,要备鸡、鸭、茶、酒及香烛去祭祀田伯公。华安县是在农历四月初六,祭祀稻母公后稷。祭祀时要煮地瓜、做米糕当供品,寓意稻谷粒粒像地瓜一样饱满、沉甸甸。连城县农历四月要"打醮"保禾苗。择日"打醮",先从福寿庵抬出一尊菩萨,绕村游行,到指定的田头停下,一人采一株稻禾放在菩萨头上,参加抬游的男人都要在背上涂抹泥巴,并涂泥在菩萨身上,叫"封泥"。当地人称这尊菩萨为"五谷真仙",其为神话传说中发明种植业的神农氏,所以要用田泥祭祀它。祭祀后,再把菩萨身上的泥巴冲洗干净,之后抬回宫庙中。

而在我国西南少数民族中,谷神信仰也十分普遍。

一　传承 | 19

每年从七月初到七月十五的晚上，贵州苗族的青年小伙子和姑娘们相约在寨边空地上进行娱乐和宗教活动，俗称"做谷神"，或"做苗家稻"。做苗家稻的姑娘或小伙子们，坐在小凳子上，让人用腰巾把头蒙住。几个懂得"催唱词"的人，到田里摘下几片青稻叶，作为谷神的替身，将其放在腰箩里，腰箩里还放马铃铛。回来后，把稻叶插在做苗家稻的人头上。做苗家稻的人用手指塞住耳朵，旁边的引导者，即"催唱词"的人摇着腰箩里的铃铛，口里念唱着歌词，催促做苗家稻的人进入昏迷或无我状态，认为这样他才能"上路"，去"阴间"。

在"苗家稻"（谷神）和歌手（引导者）的指引下，做苗家稻的人不久就进入昏迷状态，开始步入"阴间"。一路上，他遇到青年亡灵就对歌，遇到父母亡灵则痛哭，最后，到了"最美丽的地方"，才开始返回，回到家门口，引导者朝他喷一口水，他才醒过来，当事人如同做了一场梦，对经过的情况一无所知，在场的人认为是谷神附体所为。做苗家稻的人，平时不会唱歌的也变得很会唱歌，据说是谷神所教的，或是借他的口唱出来的。

这种活动，在贵州十分普遍，黄平苗族称"菜花神"，布依族称"重雅祭"，黎平汉族称"看花"，湘西苗族、土家族称"捷乃木"。在西南地区，也广为流行，有的叫"簸箕神"，有的叫"七仙女"，有的叫"瓢儿神"，等等。

云南南华彝族祭祀荞神，又称"庄稼神""包谷神"。该神地位高，与祖先神并列，每年六月二十四日祭祀，人们在地里插一根三岔松枝，杀鸡供神，或供猪尾巴、酒及其他食物等。

云南彝族密且人在每年六月初六，举行一种叫"国迷峨索波底"的活动。"国迷"为荞地，"峨索波"为天地爷，"底"为坛，"国迷峨索波底"即祭祀"荞王天地爷"。祭祀时，各家各户都在荞地里平一块地，撒上松毛作为祭坛，上插三岔松枝，青苗枝三根，点上三炷香，供一碗酒、一只活鸡、三碗米，户主祷告道："田头天地老爷，田尾天地老爷，荞地天地老爷，今天杀鸡供上，希望一粒种子下地，万粒荞子归仓。荞子种到哪里，哪里荞子茂密。虫不吃，冰雹不打，秋后牛马满厩，粮食满仓，堆满仓，溢出仓！粮吃不尽，酒喝不完。"语毕，烧纸钱，献酒，进行占卜。卜具是由一根木棍劈为两半，两面皆仰或皆扑为顺卜，一仰一扑为反卜，顺卜则杀鸡祭祀，把鸡血洒在松枝上……

布依族还有一种谷魂节，是在五月的第一个虎日或兔日举行。前一天在老人房前设桌，摆一把菜刀，撑神伞，杀黄牛祭祀，然后把牛肉分给各户，各户也在门前设坛祭祀，供五彩饭，祈求风调雨顺，不遭冰雹灾，不发山洪。次日早晨，巫师在老人房前击鼓，全寨男女老少，穿新衣，到寨前山上接谷魂。寨主头人必祭献，鸣枪奏乐，共饮祭酒，日落以前返回村寨内，并由两人抬着盛有种子的肩舆进村，众人高呼："接回来了，稻子魂、玉米魂、棉花魂。"

由此可见，我国华东、华南、西南地区乃至东南亚各国，都普遍存在着稻神（谷神）崇拜。但是，由于隆安县的大量大石铲祭祀群遗址的存在，又有稻神娅王的传说故事，加上现在还盛行的、隆重的稻神祭祀活动，则更显露出其浓重的神话色彩。因此，也从民俗学层面，佐证了隆安县在"那"文化圈中的中心地位。

二 春之歌

1 春节

百节年为首。在中华民族丰富多彩的节日活动中,最隆重、最普遍受人喜爱的当数春节了。隆安壮族与全国各地其他民族一样,也欢度这个喜庆的节日。

节前准备

腊月二十三刚过,春节浓浓的气息就迎面扑来。家庭主妇们摘来青青的龙眼枝,绑缚在竹竿的顶端,用它清扫瓦底和墙上的灰尘、蜘蛛网,让全家过一个干干净净、清清爽爽的新年,同时把一切"穷运""晦气"统统扫出门庭。这种习俗寄托着人们破旧立新的愿望和祈求。

除夕日,也就是旧年的最后一天,人们开始忙着张贴春联,迎接新年的到来。当大红的对联贴满大门、侧门、厨房门,节日的气氛愈显得浓郁——

春色春光春似海,福天福地福如山。
桃红似锦春光艳,柳暗如烟燕语新。

东风得意万里河山花似锦,政策归心千村老幼面生春。

……

这一天,人们还贴门神、挂年画。门神,传说是能捉鬼的神荼、郁垒,他们是上古时候的兄弟俩,住在度朔山上。每天早上,他们都在桃树下检阅百鬼,如果有恶鬼为害人间,便将其绑了喂老虎。人们便在两块桃木板上画神荼、郁垒的画像,挂在门的两边用于驱鬼辟邪。后来,桃木板改成了纸,门神也变得五花八门,诸如关羽张飞、秦叔宝尉迟恭等。

年画则从"门神"中派生而来,是一种古老的民间艺术。随着木版印刷术的兴起,年画的内容已不仅限于门神之类,而渐渐把财神也请到家里,进而产生了诸如《福禄寿三星图》《天官赐福》《财神到》《迎春接福》等彩色年画。爱美的年轻人还把明星照挂在厅堂或卧室里,节日里的壮乡因而更显得靓丽、祥瑞。

大年夜

除夕夜,人们烧香焚纸钱,祭祀祖先完毕,在噼里啪啦的爆竹声中,全家人欢聚在堂屋中央,开始享受丰盛的晚餐。晚宴结束时,碟中要留许多的菜肴,一则因为大年初一不能杀生,这些"剩菜"要充当初一全天的膳食;另外,碟中留有剩菜,寓意吃不尽,喝不完,年年丰收有余粮。

除夕晚饭后,已时近黄昏。这时,小孩子们更加活跃了,他们要按大人们的吩咐去求畜禽。

先点好一根香,手拿一只空鸡笼(猪笼、鸭笼亦可),往村外的冬闲田里走去。到了田里，屏住呼吸，把香插在地上，并默念："土地爷、嘎嘎公祖姆祖保我来年六畜兴旺。"然后就一声声"吱吱""咯咯"地召唤猪、鸭、鸡，随即屏住呼吸急忙往鸡笼里装"猪鸡鸭"（泥块），直到憋不住气为止。他们欣欣然把"猪鸡鸭"扛回家，放到鸡棚或猪栏角落里，求畜禽活动便宣告结束。

春节期间，壮人对祖先的敬祀特别殷勤，从除夕到正月十五，香火绵绵，供品丰富，特别是在除夕之夜，要为祖先换炉灰。

除夕夜，吃过晚饭后，家中男主人要烧好一堆稻草灰，把神龛上香炉里的旧炉灰倒在一张白纱纸上扎好，然后立即填上刚烧好的稻草灰，放回神龛上，点上几炷香，并摆上粽粑、糖饼、水果、甘蔗、酒、香烟等供品，然后把白纱纸里的旧炉灰拿到村旁的树杈上挂起来。这里的人们认为，三代以内的先人还暂寄在家里，而神龛和香炉就是他们的居所，在这辞旧迎新之际，他们的"驻地"也应该除旧更新。

当一切准备停当，一家人便围坐在火塘边守岁。在这"一夜连两岁，五更分二年"的特殊时辰里，人们一边啖食瓜果点心，品尝甜饮香茗，一边盘点过去一年的得失，畅想新一年的希望。零点未到，不知寨里哪个角落"噼噼啪啪，嘭""噼噼啪啪，嘭"地响起了爆竹声，这一下可乱了众人的方寸，大家唯恐落后失去好运，也顾不上时辰未到，便手忙脚乱地点燃吊在自家阳台、屋檐下的鞭炮。当零点钟声敲响时，村村寨寨早已是万家鞭炮齐鸣，笼罩在一片震耳欲聋的炮竹声中了。空气里充满了呛人的火药味，往日宁静的山村僻壤顿时沸腾起来，洋溢着节日的喜庆气氛。

进入20世纪90年代以后，由于村村寨寨都通了电，电视纷纷"飞"入寻常百姓家，壮乡的守岁习俗也发生了很大的变化，观赏春节联欢晚会成了年轻人守岁的首选。人们听着赵忠祥那温和、雄浑而带有磁性的声音，欣赏着宋祖英清脆悦耳似百灵鸣啼般的歌声，看着宋丹丹、黄宏演的令人捧腹大笑的小品，壮家人的心与北京贴得更近，眼光也更加开阔了。

大年初一

大年初一，天刚破晓，主妇们即忙着挑起水桶去河边汲新水，以淘取一年的吉利，回来时还摘来几束龙眼叶，插在大门两侧。翠绿的树叶映着大红的对联，更显得春意盎然，喜气洋洋。

这一天最"忙"的，要数丁当镇街上的小孩子们了。他们早早地起床，也顾不上吃早餐，就挨家挨户向街坊上的大人们拜年。他们的口齿都很伶俐，一连说出"新年快乐""身体健康""一路大发""万事如意"等吉祥的祝词，在得到大人们给的压岁钱之后，他们才笑嘻嘻地跑开。

屏山一带的大人们则忙着到果园里"干活"。他们拿着刀和纸钱，在自家的果树上逐棵砍上一刀，口中念念有词："今年你结果不结果？今年不结果，明年砍掉你。天灵灵，地灵灵，太上老君急急如律令。"念毕，喷上一口水，贴上红纸钱。

春节期间，禁忌多多，不胜枚举，尤以正月初一为最。

——初一忌说不吉利的话，禁动剪刀，怕今年家人有口舌之争，吵架伤人。

——初一不得扫地，怕破财，也不能把东西拿到屋外，更不能借东西给别人，怕家财外流。

——初一不能吃粽粑，恐引起脚痛抽筋病症。

——初一不能把米谷之类的东西放在火里烧，不然眼睛会生病。

……

祭神祀祖和"开祝侬"

正月初二,家家都要祭神祀祖。

祭神就是祭祀天地神灵,感谢他们在过去一年给予的恩赐,祈祷在新的一年风调雨顺、五谷丰登;祀祖即祭祀祖先,是为了祈求祖灵保佑子孙兴旺发达、事业繁荣。

初二一大早,人们便杀了家中去年养的最大的线鸡,煮熟之后,家庭主妇挑起牲品和鞭炮、香烛、纸钱等,先到河边的水神庙前供祀,然后,依次在土地庙、村边的大石旁、大榕树下、本族的宗祠及家里的祖先龛位祭奠一番,他们认为拜祭之后可保今年全家康泰、事事兴隆。一些上了年纪的人说,初二的祭祖实际上是古人留下来的报神节,感谢稻神一年来对稻谷的呵护,让稻农们获得丰收。

这一天,屏山一带则举行隆重的"开祝侬"活动,目的是驱除昔年凶神,迎接今年的新太岁,祈求六畜兴旺,但也含有娱乐的成分。"开祝侬"由村中的道公轮流主持(或请外村的道公来主持),道公们推算出当年吉利的方位,并告诉各家。初二清早,各家把供桌搬到院子里或家门前的凉棚下,按吉利方位摆放,或坐西朝东,或坐南朝北,以朝拜泰山神。供桌上设有香炉,焚有香烛,还摆满煮熟的鸡、猪肉、年粽、饭、果品、酒等,等候道公们的统一指挥。道公们则集中到主持"开祝侬"的道公家里,一起念经。其间,道公们要敲打三次锣鼓,当第三次锣鼓敲响时,表示新太岁就座。各家各户听到后,立即燃放鞭炮,各家主妇迅速把除夕时备置于火灶上的谷子放到碓臼里舂,边舂边模拟猪、狗、鸡、鸭、鹅等家畜家禽的叫声。这时,全村的鞭炮声和人们模拟六畜的叫喊声响成一片，持续一两个小时之久。当把家里所养或准备养的各种家禽家畜的声音都模拟完之后，家庭主妇在碓臼周围抛撒事先准备好的千层纸，使千层纸纷纷扬扬地飘落在鞭炮的碎屑上，落满一地，以此祈求鸡鸭鹅满地，猪牛羊满栏。

回娘家拜年

从正月初三开始到正月十四，娘家要选定一个日子，让已出嫁的女儿回来拜年。携夫扶子，回来探望父母。她们一般都带上米花糖、印花饼、糖果等礼品。原来相好的姐妹们趁此时机互相探望，共叙别情。外孙们把到姥姥家当成是春节中最愉快的日子，他们可以得到外祖母、外祖父最大的爱抚，享受果品点心，尽情嬉戏玩乐。

如果是新女婿探望岳父岳母，其礼节就要隆重得多。他们带来的礼物首先是一担上百斤的糍粑，让娘家分发给邻居和亲戚，其余还有米花糖、饼干等，娘家则回送一担小粽粑，让婆家送给其邻居和亲戚。

为了让亲朋好友和邻里认识新姑爷，娘家会把他们都请来，所以晚宴隆重而丰盛。他们乘此时机，通过闲谈和观察，考查姑爷的为人、品行、言谈举止和待人礼节，并了解其家庭状况。因此，新女婿在岳父母家总是比较拘谨，处处小心，言行讲究礼貌分寸：有男人来要敬烟，见老一辈要让座，见到小孩子则要分发"利市"。尤其在酒席上，既要适当向同桌的人敬酒，又不能过于贪杯，若醉倒会被传为笑柄。做妻子的也希望丈夫第一次到娘家拜年，能待人得体，落落大方，得人称赞，好在娘家人和姐妹中脸上增光，所以经常在丈夫身旁点拨和提醒，唯恐某个地方处理得不够周到。

文娱活动

春节期间,为了增添喜庆气氛,往往要举行舞春牛、彩鸡拜年、舞狮等文娱活动。

舞春牛 在城厢镇小林村一带,每逢正月初一到十五,都举行"舞春牛"活动。

"春牛"头部是用竹片编织而成,牛颈、牛角上糊一层厚厚的棉纸,还要画上牛眼,牛身则是用灰布或黑布缝制而成。每到一村舞牛,舞牛队须先行通知,使各家各户有所准备。

华灯初上,舞牛队敲锣打鼓出发了。他们边走边舞,到了村边,先在土地庙前表演一番,名之为"老虎入村投土地"。进村后,即开始挨家挨户表演。舞动时,两人钻到布套做的牛身中去,前面的撑牛头,后面的弯腰拱背摆动牛尾,脚上穿着象征牛脚的布套;第三个人头包毛巾执犁架跟在后面,像是犁田的样子;其他的人有提灯笼的,有敲锣打鼓的,还有专门领唱春牛歌的。歌手领先唱罢,大家齐声唱和,歌停则"春牛"伴着铿锵的锣鼓声舞动一轮。"春牛"的动作笨拙、诙谐,憨态可掬,还不时弄些搞笑的动作,常常引得围观者发出阵阵哄笑。

彩牛山歌是一种专门用来贺年的歌谣。内容分三段。头段为祝贺户主山歌,中段为滑稽的夫妻表演,后段为歌颂受拜户三代家史的山歌。前两段内容较为固定,后段内容要视受拜户的家史进行即兴创作。前两段唱词大概如下:

神牛西天到,为送恩赐福;

奶请牛进屋，保人畜安康。
一保六畜旺，二保五谷丰；
新年一到来，选谷种播种。
俩老有福气，春牛来贺喜；
门前来参拜，禾草来喂吃。
俩老选谷种，播种抓时机；
神牛远路来，为春耕出力。
神牛来助耕，奶烧香恭请；
大伯心欢喜，叔婶也高兴。
爷全家欢喜，择吉日开耕；
架轭下田去，伙计听锣声。

（注："听锣声"是指东家对唱得好的歌句，以打锣为号，一记锣声表示东家对该句山歌的肯定，并多付一份利市钱，故叫伙计听好锣声。）

男：老伴啊老伴，我摸黑耕田；
　　你不心疼我，送饭也拖延。
女：我打点送饭，拿碗又忘筷；
　　你吃饭又糙，肚饿那么快。
男：吃几个冷糍，摸黑把田耙；
　　难为你开口，来慢还有理。
女：扁担没有钉，儿又喊吃奶；
　　哭啼喊喳喳，怎忍心出来。
男：你说全是理，赖孩子阻拦；

女：吃饱又梳妆，日晏才出门。

女：不是我好妆，实在分身难；
喂猪又喂鸡，孩儿扯衣角。

男：儿已不算小，今年已有三；
用儿做借口，实在为扮妆。

女：有钱我就妆，你眼红什么；
你年已五四，吃酸为哪桩。

男：我不是吃醋，是为你伤心；
年迈还打扮，用锅炭化妆。

女：我锅炭化妆，胜过你发臭；
梳头抹猪油，也不知害羞。

男：别再喊喳喳，惹人家笑话；
吵架人看小，老表变仇家。

合：新年笑嘻嘻，不要漏家底；
大家少扯皮，为东家贺喜。

舞完一村，次日晚上又转往另一村。

彩鸡拜年 春节期间，在乔建镇一带，一些十多岁的小男孩在一两个成年人的带领下，组成"舞鸡队"，带着"彩鸡"，走村串巷，到各家各户去拜年。

"彩鸡"一般用老水瓜制作成鸡身，周身插上彩色的羽毛。一根木竿的顶端缚绑一根横木，横木两端各用彩线吊着一只"鸡"，横木中央凿有两个小孔，吊着鸡的彩线便是从这两个小孔垂挂下来，将吊线一拉一放，"鸡"就活蹦乱跳，恰似相斗一般。

拜年队每到一家，领队的小孩便在门口扯动手中的彩线，让彩鸡跳舞。只见两只雄赳赳的"公鸡"时而尖爪乱扒，时而引颈"嘶鸣"，接着怒目相向，根根颈毛竖起，最后撕打成一团，叮、啄、抓，种种动作惟妙惟肖。

彩鸡不断地舞着，其他的小孩则在带队大人的引领下，高唱舞鸡调——新春贺词。常见的贺词一般是这样：

鸡也喜，
狗也欢，
利市到门前，
肥猪到庭院。

贺爷奶养鸡，
脸红就下蛋，
孵化二十天，
吃米地上玩。

黑白来相隔，
走过池塘边，
相啄来嬉戏，
只只肥又圆。

三百只线鸡，
三十笼项鸡，
等到了新年，
出笼笑嘻嘻。

每只六七斤，

挑往南圩卖，

得卖又得吃，

钱财进无数。

（注：线鸡，即被阉过的公鸡；项鸡，即没孵出过小鸡的母鸡。）

舞狮 舞狮是春节期间最精彩、最吸引人的一种文娱活动。

天刚擦黑，人们还在享受着丰盛的晚餐，突然村里的戏台传来了一阵阵锣鼓声，小孩子和青年们便沉不住气了，饭碗一搁，嘴巴一抹，脱口而出："看舞狮子去了！"说着人已像脱兔般冲出了家门。

当戏台四周密密匝匝地围满了人，舞狮活动便正式开始了。

只见两头披着金黄绒毛的狮子摇头晃脑地从幕后跳跃而出，几个铿锵、欢腾的动作立即迎来台下一阵阵的喝彩声。

狮子是踩着锣鼓声而舞动的。当鼓声细碎密如雨点时，两头狮子相对着匍匐在地，伸舌眨眼抖绒毛，活像扑食后的小憩嬉闹；而当鼓声间疏振聋发聩时，两头狮子立即一跃而起，舞步干脆、有力，犹如猛虎下山，又像公猫扑鼠。一位姑娘手拿彩球出来逗引，两头狮子更加精神抖擞，随着彩球时而腾空，时而伏地，还做出了翻滚、竖立等高难度的动作。这时，台下沸腾起来了，伴随着阵阵喝彩声，一串串鞭炮声也呼啸而至，戏台上立即腾起烟雾，噼啪作响，舞狮也更加亢奋、激越。

午夜时分，舞狮活动才尽欢而散。

体育活动

岭南的春节,已然是万物复苏、莺歌燕舞。小孩子们在宜人的春风中,把玩着各种自制的"体育用品",举办着一场场富有壮族山乡特色的"运动会"。

赛陀螺 这是男孩子们最喜爱的活动之一。陀螺用枧木、龙眼木等坚硬的木头做成,上大下小,像个倒放的圆形小墨汁瓶,"腿"修长,有一寸左右。底端削尖,有的还钉上铁钉,以加强攻击力及防止磨损。

比赛时,将一根一米左右、头细尾粗的绳子依次从根部缠起,到陀螺头中部,手挟绳尾和陀螺身,用力甩出,陀螺即在地上旋转,谁的陀螺最后倒下,即获得先打权。先倒者把陀螺放转在地上,击打者打不中为输,打中同时倒或先倒亦输,若后倒则赢。按规定,输者放螺,以此循环。集体比赛是分成若干队,人对人打,最后累计,多胜的一队为赢。

踢毽子 这是女孩子们最喜爱的活动之一。把废纸剪成一个个一元硬币大小的圆片,重叠起来,约有一厘米厚。在纸叠中央穿孔,将一根较大的鸡羽毛根部插入孔里,底端固定,上端插进几根美丽的鸡绒毛,一个漂亮的毽子就做成了。

把毽子抛在空中,然后用脚踢,一边踢一边数,毽子落地就轮到下一位踢,以此循环。比赛前,先规定一定的数目,谁先踢到这个数目就算赢。

滚铁环 用一根粗铁线扎成直径一尺五寸左右的铁环,再用一根较细的铁线折成三角形,套在铁环上,线的另一端套上一根空心小木棍。

滚铁环就像骑单车一样，需要一定的技术，必须先练习一段时间，才能得心应手地"驾驶"。比赛方法有两种，一种是赛速度，谁先达到终点为赢。途中，"车"倒者会被淘汰，要自动退出比赛。这种赛法既需要较佳的体力，又需要较好的技术。另一种赛法属纯技术型：坎坷小路上，搁置一定的障碍物，"车"不倒者胜。

节间美食

"民以食为天"，在一年三百六十五天中，数春节这几天的饮食最为丰富，各民族都烹调出他们各具特色的美食佳肴。隆安壮族的年粽、糍粑、沙糕等食品独具风格，令人回味。

年粽 粽粑是壮族人过春节不可或缺的食物，也是最常见的送礼佳品。

粽粑按所放馅料可分为三种：绿豆粽、红薯粽和栗子粽。其大小相差悬殊：小的只有一二两，大的可达七八斤。

包粽子用的皮是一种专用的阔叶——粽叶，一般长一尺五寸、宽五寸左右，青绿色，柔软而有韧性。

粽子的包制大概是这样：先将糯米洗净，淘去砂石糠皮，用温水浸泡一段时间后捞起滤干水，绿豆要去壳洗净。猪肉要选颈头肉，倒不是图便宜，主要是这个部位的肉耐煮，不易烂。猪肉买回后，切成长条形，放上面酱、五香粉、盐腌半天。等所有的原料备齐后，即可包制：先在粽叶上铺一层糯米，洒少许绿豆，再顺放上一块猪肉，最后回铺一层糯米，包好粽叶，用草绳绑紧。

煲煮粽粑时，一定要用冷水，否则夹生。一般要煮五六个钟头，中途要不断添水。

粽粑煮熟后，芳香扑鼻，引人流涎。剥开粽叶，粽皮呈青绿色，看其色，闻其香，令人口角生津，真想大快朵颐。

糍粑 隆安的糍粑可谓独树一帜，与外县的糍粑相比，其制法、形状都大不相同。

先将糯米浸泡，磨浆，把切碎的红糖块放入糯米浆中调匀。蒸煮时，须用一口大锅，放上蒸架，在蒸架上铺一层新鲜的芭蕉叶。一边开火，一边用小勺淘糯米浆淋在芭蕉叶上，有一厘米左右的厚度后，盖上锅盖。约一炷香的工夫，糍粑就蒸熟了。把它取出，再如法蒸制另外一个。

出锅的糍粑有一厘米厚，大如脸盘，呈咖啡色，就像一个圆盘形的巨大巧克力。这只是半成品，要把它剪成一片片菱形的小块，并用八角蘸红颜料按在每一块糍粑上，菱形的"巧克力"印上了一个红艳艳的八角星，显得特别小巧、精美，吃起来甜蜜滑润、柔韧可口，据说还有润肺镇咳的功效呢。

2 "三月三"(三月四)歌圩

农历三月初三,乔建镇乔建社区、布泉乡龙礼村多助屯、丁当镇红阳村更盘屯、都结乡以及城厢镇良一、良二村等地都举行歌圩活动。

乔建社区:初三当天,群众抬花炮游行,到北帝庙祭拜大王,然后举行山歌比赛等活动。新中国成立前,人们还在北帝庙前举行抢花炮活动。

更盘屯:当天举行文艺表演、球类比赛等活动,对供奉在更盘洞中的观音菩萨进行祭拜。之后,男女青年在田野间互找对象对歌,对歌的人除了当地人之外,附近的武鸣县锣圩镇、玉泉乡的青年也前来参与。

而最热闹的,要数三月初四举办的更望湖歌圩。

更望湖歌圩

更望湖歌圩地点在南圩多林村、四联村、邦宁村、布泉龙礼村、屏山文化村五村交界处。在雨水季节,那里的山间田地被上游来的水全部淹没,方圆几十里一片汪洋,连平时秀丽挺拔的一座座小山、绿

春天的更望湖是天然的牧场
何宏生 摄

草如茵的土坡、蜿蜒清澈的小河都统统淹没在更望湖中。每年9月至来年5月,更望湖水已经退到河道里,浩瀚的湖面不复存在,显现在人们眼前的是平展的河滩、开阔的草场。春天来到的时候,小河两岸的芦苇节节攀高,山间各种色彩斑斓的野花竞相开放,河滩上小草密密匝匝织起一片片地毯,蓝天、白云、牛羊、鹩哥、牧人……那自然的美真是无法用语言描述。

更望湖歌圩历史已经十分悠久,目前还无法追溯到它的源头。很久以前就传说那里曾年年对山歌。最热闹的日子是每年农历三月初四,来自隆安县、万承县、养利县(后两县今属大新县),左州镇都结乡等地各村屯的上千名群众都到这里赶歌圩。集中对歌的那片草坪自古以来就叫作"歌央"。"歌央"离龙礼村多助屯村口不远,河两岸的草地和芦苇丛、河边的小山、山间的树林都很适合青年人对歌。那里曾留下成百上千对歌男女的身影。布泉河里流淌着的都是悠扬的山歌!

宋代周去非《岭外代答》卷十《飞驼》载,壮人"上巳日(农历三月三),男女聚会,各为行列,以五色结为球,歌而抛之,谓之飞驼。男女目成,则女受驼而男婚定"。这段史料的描述和更望湖歌圩男女对歌的情状完全相符。

明代的邝露在《赤雅》中写道:"峒女于春秋时,布花果笙箫于名山,五丝刺同心结,百纽鸳鸯囊,选峒中之少好者,伴峒官之女,名曰天姬队。余则三三五五采芳拾翠于山椒水湄,歌唱为乐。男亦三五群,歌而赴之,相得则唱和竟日,解衣结带相赠以去。春歌正月初一、三月初三,秋歌中秋节。其三月之歌曰浪花歌。"

明末清初屈大均的《广东新语》记载:"东西两粤皆尚歌,而西粤土司中尤盛。"当时广西西部有许多地方是土司制度,这里说的就

学者在歌圩现场调查
王佑 摄

二 春之歌 | 39

包含了原来西粤的万承土司，也就是现在的布泉乡一带。李调元是清代的戏曲理论家、诗人，他在《南越笔记》中写有："粤俗好歌，凡有吉庆，必唱歌以为欢乐。"

这些史料都说明，广西隆安山歌和更望湖歌圩有着十分悠久的历史和广泛的民众基础，其内容丰富，形式多样，是珍贵的壮族文化财富和劳动人民智慧的结晶。

2013年"更望湖壮族歌圩"被列入南宁市非物质文化遗产名录，更望湖和那里的"歌央"歌圩因为原生态的地理环境和淳朴古老的山歌而声名远播，誉满天下。

更望湖是布泉河的最后归宿地。这里地理位置比较特殊，按清代的行政区域划分，河东属于南宁府隆安县管辖，河西则是万承土州，属太平府管辖。河流两边的民风民俗和语言有很大的差异，但两边群众经常来往交流，互相交朋友、结亲家。历史上也曾有过地界纠纷、个人恩怨等，却没有出现过大的群体矛盾。新中国成立后两地分属隆安县和大新县，民众交往同样十分密切。现在，更望湖完全属于隆安县，它成为在南圩、屏山、布泉三个乡镇交界处的湖泊。

离更望湖最近的村子有7个，东边的新旺屯、旧旺屯、更丹屯和北边的多林村等都属南圩镇；西边的吞滩屯属屏山乡；丈知屯、多助屯属布泉乡。东边和北边的四个村屯语言和西边的不同，但互相都可以讲对方语言，交流起来十分顺畅。语言上的便利使东边和北边这四个村屯的群众会听、会唱西部壮话山歌，但是在日常交流中为了尊重对方，都各自用自己的本土语言，极少模仿对方语言。不论对歌地点在东部村屯还是在西部村屯，山歌则必定用西部壮话。这里对歌的男子从来都不会和本屯的女子对唱，当然女子也不会和本屯的男子对歌。

东边和北边这四个村屯的群众是学习西部山歌的主力。新中国成立前，这些村子里的青年几乎人人会唱山歌，因为山歌是结交朋友、对外交流的重要手段。离更望湖稍远的村屯，听懂山歌和学唱山歌的人就很少了。更望湖边村子的农民，世世代代生活在湖边的大山深处，他们在河里打鱼，在河滩上种植农作物、放牧、狩猎、唱歌，过着自给自足的生活。这些世居民族与布泉河、更望湖相互依存，共荣共生。

更望湖一般在夏天汇聚上游来水，成为水漫山腰、碧波万顷的大湖泊；秋冬时节，湖水通过千百个地下消水洞流走后，河滩就可以种植农作物和放牧了；春天则是春玉米种植的时候，也是冬麦收获的季节，村民们在三月初三拜山祭扫后就会集中到歌央唱歌或听歌了。在之前的一段时间，新歌手会不时地向老歌手请教一些山歌技巧和注意事项，识字的歌手会找来歌本对着背记一些常用唱词，有的则打听别村人唱山歌的能力水平，等等。村民们也都会提前安排好自家的农活，赶在三月初四前做完手上的工，以便安心地整天在歌圩那里唱歌、听

夏天的更望湖
陆衡 摄

更望湖秋景
王佑 摄

歌、与老朋友相聚。

据旧旺屯84岁的陆日旺（1932年出生）老人回忆，他小时候就听上一辈的人说，村里的陆国庆是更望湖歌圩活动的重要组织者。陆国庆生于清代同治年间，是村里有文化的人，当过教师，很爱唱山歌。光绪三十四年（1908）春，隆安境内到处干旱，应该是春季玉米生长的时节了，但天天晴空无云、太阳高照，连续一个多月竟无一滴雨水落下。大家看着地里枯萎的玉米苗，个个心急如焚。这时邻近几个村子的人都想到了应该按前辈的"求雨"做法，祈求上苍开眼，普降甘霖。当地组织求雨开歌圩的活动称作"灰朵"。"灰"是"开"，"朵"就是粤语的"坛"，"灰朵"即"开坛"。

陆国庆组织村上的各户农民，并联络了邻近几个村子的群众，决定到古老的求雨地"歌央"那里按传统的方式举行求雨仪式。他们和道公巫师一起，先准备了各种颜色的纸张，把纸张制成三角旗、长条旗，在纸旗上画上各式各样的龙鳄、神仙图案,备好熟鸡、熟猪头、香烛、纸钱等各式供品,在三月初四上午到"歌央"去"开坛"。近邻村子的群众纷纷从四面八方聚集到"歌央"参加求雨仪式。

这时"歌央"草坪上已经插满了彩旗,供品成行排开,香烛火烟袅袅,全场气氛庄严肃穆。道公巫师面向各方向做了大量繁琐的法事之后齐声高喊:"东方甲子木龙王快运气,南方乙丑火龙王快运雷,西方丙寅金龙王快运电,北方丁卯水龙王快运云,中央戊辰土龙王快运水!准吾太上老君急急如律令!"并在烧热的油盘上喷上一口酒,热油遇冷酒后马上炸开一个巨大的火团。这就是驱邪、净土常用的"掀油"法术。仪式到此时才结束。后来当地的人们也把到歌央去求雨的仪式称作"插旗"。据老人回忆,歌央草坪上最后一次"插旗"求雨是在民国三十二年(1943)的三月初四举行的。此后,或许是连年雨水丰沛没有灾情,或许是求雨仪式无传承人,每年的三月初四就只有山歌对唱了。

歌圩中的对歌者
何宏生 摄

以前，求雨仪式之后就是山歌对唱阶段了。自中午时分起，从更远地方来的男女老幼开始到歌圩一带汇集，三五成群的人们不停地交谈着、流动着，青年人或寻找歌伴，或物色心仪的异性山歌对手，都在做对歌前的准备。中老年歌手也在寻找着自己以前的旧友，互相打听着对方的情况，为将要到来的对歌备课。最集中的对歌地点在歌央小河的两岸。当时，那里河面较宽，水也很深，且没有桥梁可走。渡河主要靠水面上常设的一条大竹筏。大竹筏用10多根大竹子连排扎成，河两岸各立有固定的木桩，一条长长的用粗藤编成的缆绳将竹筏和河两岸连接在一起，两岸群众来往和生产运输就用这大竹筏。歌圩之日，大竹筏不停地把男女青年来来回回地运送，老人和小孩也夹杂在兴奋的男女青年中来回渡河，跟着听歌。那地方在后来的20世纪70年代建起了小桥，桥名叫"麻游"。现在这座桥上已经铺设了水泥路面，成为连接两岸的交通要道。

更望湖中的麻游桥
王佑 摄

更望湖歌圩青年男女所吟唱的山歌属广西西部壮话山歌，每句大多为五字或七字，每四句为一节。曲调婉转悠扬但变化不大，易唱易记。其七言山歌的歌谱是这样的：

七言山歌歌谱

$1 = C \quad \frac{2}{4}$

| 1 1 2 1 | 2   5 | 5 - | 3 5 2 1 |

| 3 5 2 | 1 - | 1 3 3 5 | 3.5 1 |

| 2 - | 3 5 2 1 | 3 5 2 | 1 - ‖

有时为了内容的需要则转用五言山歌，歌谱改成：

五言山歌歌谱

$1 = C \quad \frac{2}{4}$

| 1 1 2 | 5   5 | 3 5 2 |

| 3   1 | 1 1 3 | 3 3 5 1. |

| 2   2 5 | 3 3 5 2. | 1 - ‖

山歌歌词全部依据现场情况脱口而成，押韵自由，可压韵尾，也可押韵头、韵腹。山歌内容包罗万象，有感情交流、生产生活、社会

知识和自然知识等。还有专门祝贺喜事的喜歌，为祝贺长寿吟唱的寿歌，为送亡灵唱的丧歌。有一组丧歌唱词是这样的：

跨过第一桥，儿退激做幡，有儿又有栏①，有栏不能住。
跨过第二桥，四边下霏霏，儿来立灵牌，脱鞋戴纸帽。
跨过第三桥，马扎鞍连路，儿啼寒啼苦，明鲁②不能退。
跨过第四桥，四边下淫淫，命不讲去阴，孰料变成真。
跨过第五桥，四般来张香，点几付纸钱，去千年万代。
跨过第六桥，解袱吃耗灵③，领吃碗清水，明知不能退。
跨过第七桥，儿家拆离离，口讲不知音，看太阳做母。
跨过第八桥，洗锅等煮饭，长儿拿去摆，想激多嘎④侬⑤。
跨过第九桥，去守不得退，送去到嶂秾⑥，泪水流不隔。
跨过第十桥，杀活鸡下穴，送去到嶂天⑦，返麻⑧看太阳。

（注：①栏：房子。②鲁：知道。③耗灵：午饭。④嘎：衬词，无义。⑤侬：弟或妹。⑥嶂秾：密林。⑦嶂天：天上。⑧返麻：回来。）

这些歌吟唱的时间有讲究，大多在亲人去世后一个月左右的时间，前往亲戚家慰问时使用。一般篇幅都比较短，吟唱的时间也比较有限。唱完了这组丧歌，其他歌就可以接着唱了。一直以来爱情题材始终占据着山歌的主要位置，爱情也是男女歌手吟唱山歌的主要动因。

更望湖山歌按结构来分主要有三个部分，即引歌、对歌、别歌。

引歌由先唱的那方开始，一般都比较长，因为对方不会一下子就答应对歌，立刻对歌显得太轻佻了，也不会受到别人的尊重。引歌的内容多为询问、打探、示好。如"三月百花开，蜜蜂采花四处来；小虫找花为生计,翁贝为何来歌央""妹等阿哥快下山,转了一弯又一弯,阿妹盼哥开开口,同唱山歌心头欢"。经过几番询问和示好,对方就会听出提问者的种种意思,愿意对歌的就接着提问的话题开始对唱了。对歌中大多会用上各种形象生动的词语,或温柔,或试探,或挑逗,或抚慰,或讽刺。比如女方不想渡河见面就会回答男方:"河上风吹响哔哔,谁敢划船对岸去。你掉下河会游泳,我滚下去喂金鱼。"男方则表现出诚意极力相劝:"金鱼不吃妹身体,只顾埋头拱河泥。哥驾竹排去接侬,顺风过河到我地。"对歌中历来的重点都是情歌,唱歌时间可达五六个钟头甚至更长。别歌就是结束时唱的山歌,如果一方提出离别,另一方不同意的话还会有许多回合的交锋。例如:女方唱道:"太阳下山急匆匆,哥哥快回你家中。栏中鸡鸭要料理,歌圩唱歌空对空。"男方不舍得离去就回唱:"妹妹你莫赶我回,织布

歌手们在对歌
陆忠勇 摄

歌圩中的对歌表演
何宏生　摄

哪能少纺锤。太阳下山有月亮，月亮星光天更美。"更望湖歌圩常常会有许多对歌手直唱到天黑还不愿离去。总之，更望湖山歌活力十足，精彩纷呈。

　　更望湖山歌大量使用比兴手法，比喻、对比、夸张、比拟等修辞俯拾即是，表现力十分丰富。在山歌对唱时，男方两人对女方两人，从开始直到结束，全部唱词都由一方的两人一起唱出。其中一人先轻声将唱词说出，再和同伴一同高声齐唱。有时一些新手还会偷偷另请一位高手在旁边提词，不过这做法往往在夜晚天黑对方看不到时才使用。对唱双方视情况调整相互的距离，如小河的对面，一块大石头的两面，一丛灌木的两侧等等，都是可以听得清楚的合适距离。有时唱到投入处或者是十分相熟的歌手，对歌会停下来，双方四人坐在一起把对歌改为说话。许多有能力的歌手可以通过对歌找到自己的心上人并最终成为夫妻。

对歌双方有的温和地相互试探,有的直接表示爱慕之情,有的用含蓄话语考验对方,有的用讽刺手法批评言语不当的歌手……歌词的鲜活和用语的精到令人叹为观止。比如为试探女方,想从女方处得到一双布鞋作为信物,有男歌手唱道:"人帮我算命,断定今年亡;兄问妹要鞋,备用来陪葬。"女方立即回应:"好话你不讲,专谈论死亡;含泪水做鞋,难得做成双。"男方急切告诉阿妹:"有泪擦净净,慢纳慢用针;命不当入阴,新鞋能穿用……"情感全都含在一来一往的歌词之中。前些年曾经有两个男歌手请了一个盲人老歌手在一旁暗中提词,结果被对手发现,女歌手即刻用一节山歌讽刺这个提词老者:"两

歌者投入,观者尽兴
何宏生 摄

听歌也是一种享受
陆有作 摄

只三只同笼鸡,哪只眼眯抓出来;你有本事自己走,对歌何必请人抬?"现在人们提起这件事,盲人老歌手还不停地赞扬那两个女歌手的确厉害。

一些新的歌手在家时要找中老年歌手交流。老歌手手上多有歌本,平时看看唱唱,到用时常常灵活应用,信手拈来。新中国成立前,旧旺屯翟京光的妻子是从河对面万承多助屯嫁来的老歌手,她山歌唱得非常好。每到晚饭后的乘凉时间,她家的晒场挤满了村里的年轻男女,听她吟唱那些甜美缠绵的情歌、欢快悠扬的喜歌,有时也唱特殊时候才用到的深沉凄婉的丧歌。她总是能很耐心地向新手介绍如何逗得对方回应,如何机智地回答对方刁钻的提问,如何回避难以解答的问题。

许多新手在她的调教下很快就成熟起来了。

更望湖山歌除了在歌央的集中对唱,更大量的是平时的对唱。如果有男客人进村来,这里的女歌手就先唱起山歌赞美:"山高山低山隔山,白鹤高飞过河滩;白鹤高飞来此地,矮房变高路变宽。"如果几个回合的引歌没有效果,女方就用激将法要对方回答了:"比家层门几层隘,为何过界来饮茶,为何过界来喝酒,难道比心有忧愁?"(比:壮语,哥。)这时男方若还不唱歌应答,女方就再用歌追逼:"田里小青蛙,夜里唱呱呱,七尺男子汉,为何变哑巴?"双方一旦形成对唱,就不轻易停下来了。男方常常会表现出真诚爱慕的态度,唱出令女方动情的歌词:"山顶石多春有花,哥穷无人来当家,盼望何日有仙女,帮洗衣服帮种瓜。"女方有的会说出自己的身份和处境,委婉表达相见恨晚的情感:"妹能成人在十几,二几成人不平常;二几成人实少数,除非青天来帮忙。""木棉花开朵连朵,清明时节满地落;妹在十几不见哥,二几见哥春已过……""风吹萧萧过山顶,日日夜夜不歇停;走路就怕野草绊,只盼阿哥帮踩平。""妹想变成针和线,随哥衣袖走天边;妹想变成鸟和鹰,飞到哥家门口停。"经过几个钟头的对歌,双方将要离别了,对歌结束时的别歌,常常会唱得催人泪下:"离别难再见,人别心思念;日久若相会,盼妹心不变。""水鸭爱大塘,人浪在远方;远方难相聚,日夜思念长。""哥你远在天边边,哪知塘中有荷莲;莲藕还有水能靠,妹无依靠谁来怜?"

1966年的"文化大革命",开始了史无前例的"破旧立新",中华民族经历了动乱的十年。1967年起,各村寨有客人来访也没有了半夜对唱的悠扬歌声,青年人没有了学唱情歌的兴趣,更望湖歌圩停止了男女对歌。每年的农历三月初四,"歌央"只有忙碌的农夫和悠闲的牛羊,青青的小草等不来唱歌男女的抚慰,芦苇小树听不到青年男女的亲密交谈。

直到20世纪80年代中期,在宽松的文化环境下,当地群众又自发组织起来,每年农历三月初四到"歌央"对歌。那天,周围村落的青年男女都前往歌圩看热闹,会唱山歌的中老年男女不减当年的热情,成双成对现场为大家对歌。在多助屯里同时还举行篮球比赛、拔河比赛、文艺演出。一些商家也利用这个机会在"歌央"为大家提供各种食品、用品。

现在,南圩镇旧旺屯仍然健在的老年歌手有李太兰、陆日宁、陆京汉、李荣光、陆大英、陆忠香、陆少林、陆美芳、陆美英、杨海英、李金佳、陆春连等,这些人有八十岁的,也有六七十岁的。对他们来说,山歌是张口就来的轻便活,天上地下、山中水里的题材随时可以拿来编成山歌吟唱,而且他们大多还是那样声音洪亮、吐字清晰。每每有人说起山歌,他们都会十分兴奋和热情,都会回忆那些与山歌有关的

隔河对唱
何宏生 摄

未来的山歌手
何宏生 摄

美好往事。可以想象,年轻的时候这些歌手是多么精明活跃。还有一些五十多岁的男女看到近年更望湖歌圩恢复了热闹,也加入到了唱歌的队伍中来了。他们是山歌传承的重要人群,五十岁以下的就极少有用功学习山歌的了,这和他们在家庭中所处的地位有关,生产生活是他们的重点。附近村屯的情况也大致如此。

最近几年,更望湖的交通状况有了较大的改观,游人越来越多了。隆安县文化部门大力支持由当地群众主导的歌圩活动,并组织外地文艺团体在三月初四那天到更望湖歌央去比赛交流,宣传部、电视台派人到现场采访和录像,电业公司派工作人员带上小电机发电供电,交警派人现场指挥交通,工商局和食品药品监督局有关人员也到现场为商业活动提供必要服务,来自本地的大量游客、摄影爱好者都在那天

等待对歌的老歌手
陆有作 摄

歌圩远眺
陆有作 摄

相约更望湖，亲身感受古老而浪漫的原生态的壮族歌圩和美丽的自然风光。这样，古老的歌圩又渐渐恢复了生机，一些年轻人也有了听歌和问歌的兴趣，文化民俗和历史学者也在尽力地研究和记录这里的山歌，追寻这里山歌的历史，推动壮族原生态文化的传承和保护。

日落西山时，赶"歌央"的人们才陆续离去，恢复平静的"歌央"盼望明年三月初四会等来更多的歌手。

三月歌圩，实际上是壮族青年春耕前的狂欢，目的是养精蓄锐，迎接即将到来的稻作生产。当然，节日中的祭拜大王（稻神）以及祈雨等活动，是为了祈求当年的水稻丰收；同时，过去歌圩中男女青年产生爱情后的交媾行为，也有着让水稻扬花结穗、获得丰收的暗示作用。

三 夏之歌

1 那桐镇"四月八"农具节

起源

那桐"四月八"节日起源于拜祭三界庙,人们在赶庙会时,带农具来交易(以前没有货币的时候是物物交换),慢慢就变成了"四月八"节日。以前"四月八"只有一天,而且定在农历四月初八前的街天,宜早不宜迟,要么是初六、初七,或者初八。只有在街天人们来赶街才方便、热闹。直到20世纪60年代才改为"四月八"农具节。

那桐三界庙历史悠久,每年农历四月初八传统纪念活动都离不开三界庙。"四月八"节庆活动都是从三界庙送神巡游开始,也是以祭拜三界庙作为结束的。

现在的三界庙是1985年农历四月初八建成立碑的,位置在那桐定农屯的东侧,右江大桥下方,坐西朝东,面向右江。神庙是一座三开间的砖混建筑,宽9米,高7米,进深7米。屋顶用黄色琉璃瓦和一对游龙装饰。庙内神台供奉"祖境感应游天得道三界四位圣爷神位",三界公神像位居正中。近年又在前排安放玉皇大帝、财神爷、观世音、赵云等6座神像,大殿内共9座神像,和以前三界庙只供奉三界神不

耕
何宏生 摄

那桐三界庙
陆有作 摄

一样。三界神像和这些来自各方、功力不同的神灵同台相处,这正是现代人借助神灵寄托各种追求的具体表现。庙前有长、宽各20米的小院,三棵榕树和各种树木已经高大、茂密地站在河边护卫着神庙,滔滔右江就在下面常年奔流。

三界庙老碑
陆有作 摄

三界庙何时始建已经无从考证。清代光绪元年(1875)重修三界庙时留下的《首事碑记》载:"创始已不可考,相传厥有历年,其间屡毁屡修,难纪次数……迨道光末年,栋宇飘淫,几于虫坏……盗贼联络,兵燹频仍,经廿余载,性命难需于旦夕,香几息于辰宵,老少童儿虽目睹心伤而修庙之计关焉不讲,越光绪元年,荡平丑类,继沐天恩,神德攸光,民气渐复,始得议重建焉。"碑文记载了三界庙在人间经历战乱时同样遭遇了不幸。清代咸丰、同治时期的24年间,正是太平天国运动风起云涌的战争年代,社会动荡,民不聊生,广西首当其冲。至1864年太平天国起义结束,各地时局趋于稳定,民众才有重修三界庙的意愿和条件。由此可以看出,那桐三界庙在民众的心中一直处在重要的位置。而重修"经始于乙亥之秋落于丙子之岁",也就是说1875年秋天起动工重修,至1876年落成。

光绪元年的重修,有200多人倡首出资,乐捐者还有几百人。共花费白金700多两。由增生卢启姜撰序,廪生卢栋隆参定,卢国香理数,

三 夏之歌

卢德馨择吉。石碑列载了150多人的姓名,不少姓名前还列出其学历或官职。

据72岁的卢启文老人说,他年少的时候见到的三界庙位于现在庙址南边200米,大殿是三开间的硬山顶青砖房,前廊和中堂的石础木柱非常精美。内部雕梁画栋,山墙则绘制各式色彩斑斓的图案。房顶飞檐斗角、气势轩昂。大殿内供奉着三界圣神塑像。庙左侧建有一排廊庑,既扩大了神庙的使用面积和功能,又增添了神庙的气势。庙前到江边还有一片开阔平地。三界庙曾经是那桐一带村屯香火最为旺盛的神庙,逢年过节、遇红白喜事,民众都要到庙堂奉祀。每年农历四月初八,三界庙更是人来人往、烟火缭绕。1958年,大庙被彻底拆毁。后来在其原址上建设了那桐食品站,现在的那桐生猪屠宰场就是清代三界庙的旧址。如今原地还有一些散落的当年的古庙石墩。

相传自明代万历(1573～1620)、天启(1621～1627)年间,那桐街就开始有了正式的"四月八"节庆活动。其后绵延数百年流传至今,其间也曾经有过多次的兴废盛衰。

《隆安县志》(民国二年版)对那桐的记载有:"那桐圩寅申巳亥日集,在城东七十里。有神庙四,宗祠一。"三界庙即是那桐四神庙之一。

对那桐"四月八"传统节日有明确记载的是《隆安县志》(民国二十三年版):"那桐与下颜之四月初八冯圣诞为最盛,有自四五十里之外来观热闹者,今神庙俱废,此风已绝。"这说明那桐"四月八"活动在明清时期就已经是重要的传统节庆,其盛况非凡,声名远播。

《隆安县志》(1991年版)记载:"民国十六年后,各地庙堂的神像菩萨多被捣毁,但逢年过节,一些群众仍到庙堂烧香奉神。"

三界庙供奉的圣神是谁历来说法不一。有说三界指"天、地、人"；有说是"天、地、水"；有说是佛教的"欲界、色界、无色界"；有说是"众生所居的世间"；还有说是个医术高明的民间医生"冯三界"；等等。

1991年出版的《隆安县志》记载各地节庆时写道："冯圣诞，农历四月初八，那桐、同仁、同义三村街聚众汇资，以猪羊等祭品供奉三界庙冯圣公，农家杀鸡做米粉请客，街上唱戏，附近群众上街卖竹木农具，男女青年趁热闹上街谈情说爱。"后来"三界庙废，祭供之习消除，但上街购销竹木农具及农副产品者甚多。1965年，当地政府将是日改称'农具节'，每逢此节，农具购销两旺"。

依据民国二年（1913）县志的说法及综合分析，隆安县的三界庙供奉的是冯圣公，四月初八就是冯圣公的诞日。这与西江流域的主流说法是完全相符的。

据民间传说，那桐三界庙十分神秘而灵验。求财、求子、求福、求平安的信众都时常参拜这座神庙并各有所得。据说清代某一天，天气晴好，右江上无风无浪。南宁某戏班从百色乘船沿江而下，路经那桐水域泊船停歇，有民众提议他们上岸奉祀三界庙并到那桐街唱戏。戏班班头不予理睬，上岸增加补给后登船继续南行。结果，大船刚到那桐和那元交界的拐弯处就翻船沉没，全船40人无一生还。后来每逢刮风下雨的时候，人们在那里还可以隐约听到水下敲锣打鼓和吹拉弹唱的声音……

活动概况

2013年那桐"四月八"农具节举办的时间是5月10日至5月18日。因为2013年的农历四月初八（5月17日）不是街天，按照当地"做前不做后"的习俗，遂把正日定在农历四月初八前的街天，即在农历初六（5月15日）当天举办开幕式。在这为期9天的节庆里，每天那桐街上都举行精彩的活动。2013年那桐"四月八"农具节是由那桐社区主办的，节日活动主要场地在那桐社区灯光球场和那桐戏台。这两个地方是挨着的，大多数活动都在这里举行，其他如三界庙巡游等活动也以这里为出发点。此外，右江畔的三界庙是举办庙会、做法事的主要场所。而商品交易会、美食节、农具交易等则在那桐街举行。参与那桐"四月八"农具节的不仅有那桐本地的，还有全县各乡镇甚至还有来自广西南宁、广东、湖南等地的生意人、游客。节日开始之前几天，人们都各自做好准备，远道而来趁节日期间做买卖的早早来到那桐预定摊位、旅店和准备商品；本地的商贩们则忙着抢占摊位，补充货源。爱赶街的人们也常常谈论今年四月八有什么活动等。总之，整个那桐镇都沉浸在期盼节日到来的气氛中。而在这段时间，最忙碌的除了来做生意的老板，就属四月八农具节筹委会的工作人员了。这段时间内，他们不但要制定出四月八农具节的活动方案，呈给有关部门审核，还要做好各项活动的准备，而最大的问题就是经费的来源。四月八农具节的经费来源除了相应的财政拨款外，主要依靠的是组委会的办法：找赞助商提供赞助，达到一定金额如2000元以上的，组委会代做展板、横幅宣传。

2013年那桐"四月八"农具节的活动内容主要有：篮球赛、全国名优产品交易会、美食节、山歌对唱比赛、粤剧演出、开幕式、三界庙庙会、斗狗、打陀螺等。其中开幕式是最重要的内容，包括舞狮表演、壮族求雨仪式、千人祭拜农具、敬牛仪式、三界神及千人特色巡游、"那"文化文艺演出等。

求雨仪式 求雨仪式由那桐社区那之韵艺术团表演。表演人员全部是那桐社区居民，共11人，岁数都在50岁以上。表演时都带白色面具，巫师着黑衣黑披风，其余表演人员分别着红、黑、绿、黄、蓝披风，上有神像脸谱图案，皆赤脚，以鼓点、锣声为指挥。这个表演富有神秘性和宗教色彩。

表演开始时，分两列队依次出场（人们端着猪头、五色糯米饭等祭品），先是拿着太阳和月亮道具，象征日月神的出场，紧跟着是巫师（身着黑色衣服）拿着三炷香出场。他们绕场走一周后，便站好位置。接着手拿祭品的4人（两边各2人）及其余队员上场，手中均拿着木制的"法器"，分别站好位置，拿祭品的在前排，把祭品放在地上（相当于祭坛位置），手中拿太阳和月亮的则根据鼓声变换着太阳和月亮，表示日夜轮回。接着队形变成半圆形，巫师在弧心，手持三炷香及火把，跳起求雨的舞蹈动作（形似青蛙跳跃），转一圈点头拜一次，再重复一次，第二次拜完之后由两名队员拿着巫师的香及火把，巫师上前拿打火器（两块石头）表演擦石点火（古时候没有火柴，只有钻木取火或擦石点火），点火时还有一些仪式，要祭祀天地一番。点燃火把后再点香。巫师退回原位，双手张开，不断舞动。队员点好香后，主祭人上前接过香（三炷香），鞠躬拜三拜，然后把香插在香炉上，同时队员变换队形，分为左右两队，每队前二后三，巫师退回原位，队员依次上前鞠躬拜三拜，4人双手合十，6人手持法器。然后手持法器的6人绕着巫师转圈后排好队形，巫师上前，双手张开舞动，并且双手双脚张开，呈蛙跳状，队员手持法器也呈蛙跳状，先跃向左侧示意，再向右侧，反复几次，巫师及队员一起舞蹈，此时就是巫师在作法。之后，手持法器的队员散去，4名队员手持火把登场，转两圈后集中成小圆圈，以硝石灰撒在火把上，使火烧旺，形成烟雾，接着分散到四处（东西南北方向），又以硝石灰撒在火上。接着又转圈排成一排

求雨仪式
何宏生　摄

左右舞动,后排舞者向前又以硝石灰撒在火上(其间巫师在原地双手不断张开舞动),接着6名手持喷水器的队员登场喷水表演"降雨",然后仍手持喷水器跳起舞蹈,似蛙跳状,之后再有4名队员手持喷水器登场喷水,舞蹈的队员张开两手两脚,抖动双手欢呼雀跃(此时说明求雨成功,天降大雨),而后所有队员上场表演舞蹈,表演天降大雨后人们的欢庆景象(下大雨了就可以种田)。最后列好队形,端回祭品退场,其余队员手持喷水器退场,巫师及日月神最后退场。求雨仪式到此结束。

　　求雨仪式体现了水对稻作生产的重要性。古代科技不发达,劳动人民只能靠天吃饭,对自然毫无办法,只能以此仪式来祈求上天降雨。

求雨还与壮族人民的万物有灵信仰有关。壮族人认为雷王是掌管天界打雷、闪电、降雨的天神,在隆安流传的神话中,雷王是一个无所不能的神灵,当一个人要诅咒他厌恶的人时,往往会说:"让雷劈死你!"而类似于青蛙跳的求雨舞蹈动作,则源于人们认为青蛙是雷王的儿子,青蛙叫则天就要下雨,通过模仿青蛙的动作来与雷王产生感应,促使其降雨。

求雨仪礼主要表现了人们对雨水的渴望和对雷神的崇拜。隆安壮族有句谚语:四月八,田埂断了截。意思是农历四月初八前后,雨季来临,天降大雨,雨水灌满水田,低矮的部分田埂被水淹没,好像田埂断成几截一样。说明稻作生产的季节来临了。过去这里没有提水灌溉工程,如果到四月份天还不降雨,河床干涸,或者低浅的河水不足以推动水车转动,无法泡田犁田,就要举行祈雨仪式,久而久之,四月八祈雨仪式就成了约定俗成的惯例。

在求雨过程中,巫师的身份转变过程体现了特纳的"阈限"理论:求雨仪式之前暨阈限前,他们都是普通的自然人,当点好香、摆好祭品,仪式开始后,他们就进入一种癫狂的状态,做起法事,具有某种特殊的功能,能够与天、神灵沟通、对话,这是阈限之中。求雨仪式结束,撤掉祭品之后,他们又恢复到自然人身份,这是阈限之后。在古代,如果在仪式之后果然下起大雨,则说明该巫师法力无边,便会赢得人们的赞扬与尊敬,其社会地位也会得到提高。

祭拜农具 祭拜农具之前,球场边上靠近主席台的地方早已摆好了祭品:犀斗(绑上红色绸带)、犁(绑上红色绸带)、耙(绑上红色绸带)、稻神娅王神像、大牛车、香案、香炉、写有"五谷丰登、风调雨顺"(写在红纸上)的竹围囤,还有熟全鸡、熟猪头、熟猪腿、熟猪尾巴、五色糯米饭3碗、5个匙羹、一小壶酒、几片柚子叶。

各方队在灯光球场列队站好,身着壮族服饰的主祭人在前台宣读祭祀农具词。其文如下:

祭农具

隆安那桐,稻作之乡;龙潭石铲,名扬四方。
六千年前,大地荒凉;先民居此,垦地开荒。
手无利器,难以播秧;民无收成,生活凄凉。
稻神娅王,为民心伤;一送石铲,二送种粮。
三送谷种,功德无量;再送石铲,恩深情长。
香猪一头,燃香供上,答谢神恩,表我衷肠。
一谢娅王,鼎力相帮,赐我谷种,民生有望。
二谢娅王,神恩天降,赐我农具,教我种粮。
三谢娅王,天恩浩荡,佑我邑民,百业兴旺。
佑我神州,国富民强!

读到"一谢娅王""二谢娅王""三谢娅王"时,彩龙(龙点头)分别拜三拜。读完后彩龙队退下,各方队(广西民族大学学生组成的)依次上前,先派一个代表上前点燃三炷大香及两根红蜡烛,拜三拜,后把它们都插到祭坛上,各方队人员鞠躬拜三拜,拜完后退下。随后是"那"文化方队的广西民族大学女生和村民方队(抬着香猪、酒坛)上前祭拜,女生每人拿三炷香,点燃后拿着香拜三拜,依次把它们插到祭坛上。各个方队祭拜完后,巡游队伍就出发了。

开幕式中的祭祀农具仪礼,应该说是古代稻作农具祭祀的延续。在桂南有大量的大石铲出土,尤以大龙潭遗址为最。这些石铲,除散置于地层或杂乱叠压于灰坑中的之外,其余多整坑出土,有一定的排

祭祀农具
雷英章 摄

列形式,以刃部朝上的直立或斜立的组合为主,均为有意识摆置的。根据有关专家的推论,大龙潭文化中这种有一定排列组合的石铲,可能是原始社会晚期,某种与农业生产有关的祭祀遗迹。这种遗迹在桂南地区被普遍发现,说明当时在桂南地区普遍存在与农业生产有关的祭祀活动。而直到今天还在进行的农具祭祀,应该视为大石铲退出稻作生产历史舞台后稻作民信仰的转移,但其信仰物还是离不开稻作生产的功臣,即各种稻作工具。

在祭文中提到了"娅王",在隆安流传着关于娅王的传说,当地人们认为她是稻神之母。所以人们在农事活动中要祭拜娅王,祈求水稻种植平安顺利,无虫害无病灾;收获以后要向娅王奉献供品,感谢娅王的保佑之恩。

敬牛仪式 祭拜农具仪式结束后，巡游队伍列队按顺序出发。待巡游队伍离开球场后，组委会工作人员清理场地，准备举行敬牛仪式。过了一会儿，随着主持人的一声"敬牛仪式开始"，只见两位老农牵来两头大水牛，来到主席台前靠近摆放祭品的地方。水牛事前已经梳洗得干干净净。主祭人宣读敬牛词，接着一群身着壮族服装的那桐社区文艺队员排成一排，用壮语高唱敬牛歌，歌词如下：

敬牛歌

三四月花开，鸟儿叫喳喳，
牵只牛出来，叫欢来贺它。
牵只牛出来，叫欢来贺它。

四月八节气，是只牛日子，
饭摆在台上，任牛你来吃，
酒放在眼前，任牛你来尝。

四月八节气，是只牛日子，
劳作大半年，停下喘口气，
辛苦了一年，也该歇歇脚。

田地一垌垌，种哪样都长，
有牛来耕田，田里长黄金，
有牛来犁地，地里铺白银。

由于举行敬牛仪式时已经接近中午 12 点,太阳毒辣,水牛热得受不了。所以不得不省略一些原先设计好的仪式,如喂牛吃糯米饭、喝米酒等。

敬牛仪式来源于壮族的牛崇拜,壮族人把牛当作图腾。隆安民间传说,牛本是天上神物,因犯错被玉帝派到人间帮撒草种,本是三步撒一把草种,结果牛听错了,变成一步撒三把草种,草种撒多了,草长得太茂盛,牛只好留下来帮吃草。另外一个版本说,古时候牛是天上的神,玉帝见人们不会耕种,没有粮食,日子过得很艰苦,就派牛下凡帮助人们耕田。人们对牛很感激,遂产生了敬牛的节日。如广西西北地区有牛王诞、牛王节、牛魂节,是专门敬牛的节日。传说四月

稻神与牛魂
李桐　摄

初八这天牛诞生于天上，所以这天是牛王诞日。其节日的习俗与隆安的敬牛习俗是大致相同的。敬牛其实是图腾祭祀仪式的遗风，因为对于农耕民族而言，牛是人们生活中不可或缺的动物，祭祀用之，拉犁耕田用之，牛耕也代表了传统农耕技术的最高水平。所以牛是农耕文化发展的一个重要标志，是传统农业的象征。

敬牛仪式也体现了牛在壮族农耕生活中的重要地位。在生产力极其低下的原始社会，人类种植水稻等农作物都是依靠人力来完成，劳动强度非常大，效率很低。自从人类驯服了牛，利用牛来作为役力，便大大减轻了劳动强度，提高了劳动生产力。因此，牛在壮族农耕生活中所占的比重相当高，是仅次于房产的重要财富，受到人们的尊敬，甚至被看作家庭的一员，敬牛习俗因而产生。

大酬雷 酬雷是感谢雷神的意思。在锣鼓声中，作为天上最高天帝使者的天官登场，他手拿写有"国泰民安、风调雨顺"字样的三角旗，从东南西北中五个方位唤出五方雷神。五个雷神光着上身，分别穿着红、青、绿、粉红、黑色的短裤，脸上也分别涂着白、黑、红等五种不同颜色。他们分别站立在五个方位上。接着，天官又唤出伏羲，伏羲两手分别拿着写有"日""月"字的镜子并上下移动，表示日月的运转。这时天官退场，雷神们用松香点上火，并口吐煤油冒出团团火焰，以此来表示电闪雷鸣，然后又洒水，象征降雨，表示风调雨顺。在此期间，日月神退出场子。

接着，雷神们拿出木棍和柴刀，表演上山伐木制造农具。之后又用木棍组合成犁形，一人装牛伏在地上，四人在后驱赶，表演犁地。雷神们又两手拿线香上场，表演插秧的动作（线香代表秧苗）。在此之后，是除草、耕田、施肥、割稻、脱粒、碾米等模仿农业生产过程的表演。最后，雷神们拿出一口大锅，点燃稻草，将大锅放在火上，

大酬雷表演
何宏生 摄

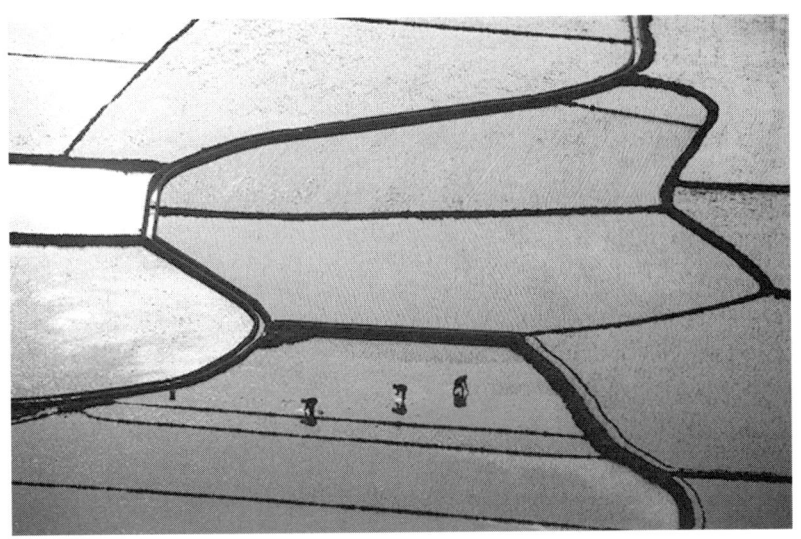
春插
何宏生 摄

表示煮饭。雷神们从大锅中取出预先准备好了的米饭,分给观众们,整个表演到此结束。

大酬雷的各种表演动作与祈雨也有着密切的关系。壮族先民认为雷神能赐福于人间,能保一年风调雨顺,五谷丰登。表演过程中呈现的闪电、打雷、下雨、上山伐木、制造农具、耕田犁地、播种、插秧等一系列舞蹈动作组合,形象地体现了稻作生产的全过程。

三界民俗巡游 参与巡游的人物主要是:道公、仙婆、农民、学生。民俗方队有:祖王、花炮、西游记、彩龙、财神、观音送子、刘三姐、天女散花、七仙姬、穆桂英挂帅、民族服饰、彩旗、"那"文化等。祭祀用品为一头生香猪、一只活鸡、米饭、坛酒。巡游路线:三界庙—古龙街—主会场(戏台)—市场大门—东城街—隆武街—二中—浪湾大道—三界庙。

据那桐社区卢祥文主任、村干部卢炳强及有关村民说,三界巡游是那桐村一直以来就有的传统。以前的巡游是要走遍全那桐村,各家各户都要在自家门口点香迎神,道公进去作法送福。现在的巡游跟以前有点不一样了,随着时代的发展也增加了很多新的文化元素,但传统还是要保留的,至少要把这个传统一直继承下去,不能停掉不做。

可以说,三界巡游是民俗文化的一次大展演,像《西游记》等神话故事、财神等神话人物形象,这些汉族的民俗文化在历史上已经传到壮族地区,被壮族人民接受,而且深得他们的喜爱。因此,三界巡游体现的是民族文化的多样性和大融合。平时鲜有机会出场的民俗文化得以展现在大众面前,而且,参与巡游的以大学生居多,对他们来说,这也是一次宝贵的体验。此外,三界巡游的意义还在于送福、纳福。巡游中有个环节是巡游队伍来到某一地方后,即鸣放鞭炮、舞龙,

三界民俗巡游
何宏生 摄

道公作法，为的是驱除邪魅，送福送财。

三界庙庙会 三界庙有一个专门的理事会来组织"四月八"三界庙的庙会，那桐村各个屯轮流出人来做事，如请道公、煮饭菜、杀猪及各项杂事等。三界庙庙会一般为期三天，闰年时规模更大，延长至四天。举办庙会时，村民们要提前一天来准备，比如2013年"四月八"的正日是初六，他们初五就要来准备，一直到初七晚饭后才散去，要在庙里待上三天两夜。

民俗巡游结束后，村民们回到三界庙。庙的入口处摆了一张圆桌，桌子上贴了一张红纸，意思是告诉人们这里做的是红事，还铺了一张木板，上面摆满了装酒的调羹，装熟米饭、肉、菜的小碟子和烟。还

三 夏之歌 | 73

摆了一块砖头是用来插香的。从入口处进去，在庙的外面摆了两个大圆桌，上面摆满了小碟子和调羹，还撑了7把大伞，伞下分别摆了一两块砖头来插香，铺了木板来摆上祭品，也满是装酒的调羹，装熟米饭、米粉、肉、菜的小碟子，烟，糖饼，柚子叶及筷子。据参加三界庙庙会的村民介绍，这是供奉给外面的鬼的。庙外面的右侧还有10匹纸马，1匹黑色的，1匹青色的，8匹白色的。据村民说，马是送给神做坐骑用的。靠近庙的地方还有5匹纸马，也给它们设了神位，摆祭品供奉它们。

　　村民们将祖王的神像放回原处，上香祭拜，同时宰杀大香猪准备午饭。吃饭前，还要端着盛放有猪肉、菜、两小碗米饭或米粉、米酒等物的筛子去敬庙里和庙外四方的神。三界庙的神台上有5个神：祖王在正中，左边是财神及佛祖，右边是关公及观音。有三个香炉，里面插满了香，可见香火之旺。香炉前摆满了祭品，有肉、菜、煮熟的米饭、米粉，据村民说米粉是那桐镇的特产，只有那桐一带用米粉来做祭品，别的地方都只用米饭。还有很多调羹盛着米酒、果品、糖饼、烟等，还有在碟子里放柚子叶的，据村民说柚子叶有避邪的作用。庙里除了神台之外，四周还有其他神位，如师公神位（壮族称道教道士为师公）等，庙外面的空地上还有用桌子摆的神位，供奉土地等诸神。这些神位前的祭品大多相同，都是肉菜、米饭、米粉、烟酒、果品、糖饼、柚子叶等。用小碟子或碗装着的白米，上面有的插着镜子，有的插着人民币，有的插着纸剪的"画符"。据村民说，在生的白米里插上镜子，或者"画符"，是等师公来"坐位"。师公们的神位上，是把香插在白米上的，祭祀师公用的都是生白米。祭拜时，这些神位上都要点上香，用竹筛端着熟的整鸡、猪头、猪腿、猪肉等来一一祭拜，还要烧纸钱，敬神完毕后才能吃午饭。

送花灯：晚上天刚黑下来，村民便从三界庙出发，过那桐大桥到右江对岸去放花灯。道公们在前头开路，一边走一边奏乐。妇女们挑着祭品、花灯，还有一只装在笼子里的活鸭。到河边后，村民们先把香及蜡烛点上插好，随后摆上祭品。祭品有全鸡、猪腿、猪肉、酒、糖饼、烟、五小碟生白米，三碗生白米上分别插着三炷香、柚子叶等，然后祭拜、烧纸钱、放鞭炮。祭拜过程中，道公拿出一本唱本，一边喃噻，一边摇动手中的法器，仪式结束后才开始放花灯。首先把带来的活鸭放到水里，让它在水中扑腾几下。至于为什么用活鸭，村民说，因为鸭子通水性，会游泳，可以把这些"福"带给溺死在水里的亡灵，这与隆安县壮族人民过中元节用鸭子祭祀是一样的道理。送花灯时，先把大的红蜡烛点燃，再用红蜡烛把花灯里的蜡烛点燃，然后把花灯放到水里，泼水把它推出去，一定要把它推到河中间，越远越好。其间口中要念念有词，说些祈求保佑的话。放完所有花灯之后，就可以回三界庙了。据村民介绍，送花灯是送福，其意义是把过去所有的污秽送走，也期盼将来能得到福。

踩花灯：踩花灯用的花灯与送花灯的不同，是用小石碟做的，给每个小碟子贴上3瓣彩纸，碟子里放生油及一根麻绳，点燃麻绳就可以燃烧很久。3个小碟子放在一起摆成"品"字状，就算是一个花灯。村民们把花灯摆放在庙前的空地上，约有8排、50个花灯，整体呈一个半径为2米的圆形。道公及仙婆们排成一排（道公在前，仙婆在后）开始踩花灯，边走边唱边奏乐，不能踩到花灯，开始走得比较慢，后来越走越快，或走或转圈。踩花灯时，花灯阵四个角各有一名妇女在烧纸钱，还有两名妇女不时绕着花灯阵撒生白米。踩完花灯后，道公还要把花灯请上来，一边拿一边唱，把10盏灯送回庙里。还要在庙里举行仪式，再由道公念经才算结束。

据村民介绍，送花灯和踩花灯的意义是为了把那些不好的"神神鬼鬼"送走，做了这些仪式才能保一方平安。三界庙建立之后就有那桐"四月八"。三界庙是那桐镇的各家各户集资建起来的，是那桐人民求福、求禄、求平安的场所，承载着人们的宗教信仰和精神寄托。

农具展销 那桐"四月八"农具节，顾名思义，以农具交易而著名。无论是为举行求雨仪式、庙会，还是大石铲祭祀，都传递了这样一个信息：这个节日是人们进行农具交易的最佳平台。

卢祥文主任说，以前到了"四月八"，人们拿农具到街上来摆卖，有木犁、木耙、纺织布机、轧棉机，有晒粮食用的竹围、竹席、竹篓，还有桌椅、鸡笼、鸭笼、猪笼、鸡罩、瓢、桶、牛轭等。因为那时卖的农具多，所以叫农具节。平时就没有这么多卖农具和家庭用品的。

一位摊主介绍说，以前"四月八"来买卖农具的人很多，因为平时专门卖农具的很少，只有到了"四月八"那天或者街天才有集中卖农具的，所以人们都趁街天来买农具。但是现在"四月八"来买农具的人少了，是因为现在摆摊卖农具的多了，每天街上都有卖的，人们可以随时购买，就不限定在"四月八"才来买了。现在的农具铁做的多，比如锄头，用铁做杆，这是那桐的特色，别的地方没有。因为铁的是一整套，方便使用。

这些农具都是很早之前就形成的稻作耕耘和加工农具，尽管过去的农具很简陋，但那是历史的遗留，而且有些农具至今还被广泛使用，如笔者家中还有犁、耙、扁担、竹筐、鸭竹围等。正因为有了这些农具，我们的祖先才能更好地从事农业生产，农业才得以进步。但是，笔者还注意到，如今有了高科技机械农具的帮助，这些古老的农具正逐步退出历史的舞台，金牛、插秧机、收割机、脱粒机、抽水机等现

农具展销
何宏生　摄

代机械已经逐步走进农家,犁、耙、镰刀、锄头的使用频率越来越低,农具交易的情况也不如以往。这一方面反映了科技进步,人民生活水平越来越高,但也映射了曾经被视为神物、历经沧桑的古老农具正在经历变迁。

名优商品交易会　名优商品交易会是那桐镇"四月八"农具节与时俱进的产物之一,它是在原那桐四月八庙会和农具交易的基础上形成、发展起来的。"2013隆安(那桐)四月八农具节"暨全国名优商品交易会原定的举办时间为2013年5月11日至17日。但实际上,早在5月8日,就已经有很多远道而来的商家来进行买卖之前的准备了,并于10日晚上开始正式买卖,直到18日晚上才结束。商品交易会期间,每天那桐街上人流如织,像过节一样热闹。交易会以晚上大约七点以后的夜市最为热闹。由于白天太热,有些人要工作,只有晚上才能出来逛街，所以晚上的那桐街是人最多、最热闹的。

在那桐镇的主要街道——东城街上搭起的白色大棚区，就是名优商品交易会的主要营业场所。这里被划分成一个个摊位出租，摊主都是外地来的。有柳州、北海、南宁等市的，还有广东、安徽、湖南等省的老板来摆摊。商品主要有：服装、鞋（凉鞋）、床上用品、电磁炉、热水壶、炒锅、钢刀、十字绣、画板、砧板、电工工具（电钻）、洗发用品、泡脚药水（苗家老汤）、泡脚排毒仪、多功能榨汁机等。

"四月八"期间，生意最火爆的是服装类（摊位数最多，几乎每条街都摆，以东城街、古龙街为代表）和烧烤（肉串，烤韭菜、空心菜等）等美食类。节日期间还有促销活动。由于天气炎热，卖凉席、电风扇等摊位的生意也非常好。街天时，街上人更多，晚上还有三轮车拉客。附近的古潭、糖厂、农场等居民或坐车或骑摩托车来逛街，看打球、晚会等。那桐街上旅馆也爆满了，因为外地人来摆摊，需要住宿、停车。

美食节 美食节也是那桐镇"四月八"农具节的主要特色。民以食为天，那桐镇当地也有不少特色美食，吸引着广大游客纷纷前来品尝。美食节原定举办时间是2013年5月10日至17日，实际与名优商品交易会一样，时间延长了不少，从5月9日晚上大部分摊位就开始营业，直到19日晚上才结束。美食节以美食一条街的形式集中展现，地点是在东城街的入口，靠近车站交叉路口，入口处有一座彩色充气的拱形门，上写"2013隆安（那桐）四月八农具节第七届美食节"。为营造节日的氛围，每一个摊位上也都统一印制了"2013隆安（那桐）四月八农具节第七届美食节"的标语，而且非常规范，让人一看便知。美食节约有30家小吃，包括烧烤、糖果、海南椰汁、冰激凌、臭豆腐、横县木瓜丁等摊位。

承包美食一条街摊位的也大部分是外地人。他们纷纷采取多种多样的促销手段吸引人们前来驻足围观。其中属烧烤的摊位最多,约有20家,而且生意非常好。

2　丁当镇文体节

当紫红的桃金娘花开遍广袤的山野,当串串荔枝红缀枝头的时候,丁当人又抑制不住久盼的心了,因为他们知道,一年一度的五月初五文体节又要来临了,欢乐的海洋又要淹没这个边远的壮家小镇了。

那是一个怎样的情景啊——龙舟比赛你追我赶,篮球比赛热火朝天,山歌对唱嘹亮悠扬,还有那精彩纷呈的歌舞表演,博弈激烈的象棋比赛……这一切,怎能不让好胜的后生哥摩拳擦掌,温柔的勒俏们(壮语,姑娘的意思)心花怒放呢?

文体节来历

要探究文体节的来历,还得从丁当圩场的由来说起。据说从前,丁当一带的圩场设在俭安村的岜独屯,称岜独圩。华岳、定坤一带的村民要赶岜独圩,必须要走很长的山路,渡过丁当河,再赶五公里的路程才能到达圩场。村民们往往爬上渡口的时候,就已经累得汗流满面、气喘吁吁,遥望前路茫茫,心里早凉了半截。

有一位叫劳登昌的老汉,家住丁当河渡口附近。他发现上下渡口的人日渐增多,就在渡口搭了一个凉亭,摆起了粥摊,没想到生意相当兴隆,赶圩的人们都在凉亭前停下,一边坐下来歇脚聊天,一边喝着清爽的玉米粥。后来,他们干脆把带来的土特产在附近摆卖。随着人气的聚集,渡口也逐渐繁荣起来,久而久之,变成了一个新的圩场,人称"登昌圩"。岜独圩反而日渐萧条,以至消失了。

新中国成立后,登昌圩街道有所迁动,人们也认为以人名作圩场名称欠妥,于是更名为丁当圩。

丁当镇地域辽阔,人均耕地面积为隆安各乡镇之最。改革开放以来,丁当人民发挥旱地广多的优势,大兴"甜蜜的事业"——发展甘蔗种植,家庭收入不断增加。富裕起来的农民们希望能开展更多的、健康向上的文艺活动,以丰富业余生活。丁当镇政府也想民众之所想,

节日上的即兴书画活动
潘玲艳 摄

在传统的端午节期间除了保留赛龙舟、对唱山歌等传统活动之外，还增加了篮球比赛、戏剧表演、象棋比赛、麻将比赛等文体项目，端午节也因此更名为"文体节"了。

祭祀石马庙

祭祀石马庙是文体节的第一项内容，也是必不可少的项目。在丁当壮族人的传统观念中，石马庙中的灵魄是他们的保护神，保佑一方的平安，永保人畜兴旺，故要时时祭拜，万万得罪不起，文体节期间更是要举行复杂、隆重的祭祀活动。

据镇上的老人说，石马庙中供奉的神灵是石、马二位将军。1902年6月，广西提督苏元春命令总兵马盛治率兵进剿活动于武鸣、隆安两县的农民起义军黄五肥、罗大等部。黄五肥得悉马盛治追击，便撤到武鸣县宁武圩的马鞍山，在附近村庄内埋伏起来，关闸坚守。时已黄昏，马盛治追到闸口前的古达桥上，大叫开门。闸内的农民军诈说："目下游勇势大，官兵怕他们，你们是官兵还是游勇呀？"马盛治大声回应："我们是官军马总兵……"话犹未了，闸内枪声齐响，清军大乱，伤亡惨重，马盛治中弹死于桥上。清政府草草把他掩埋在古达桥旁，在墓上插上木牌位。不久，洪水暴发，淹没了马总兵的坟茔，木牌位浮起，随河水漂到丁当河渡口旁却盘旋不去。其"魂魄"给圩老托梦说：其是丁当人的保护神，可保四时平安，风调雨顺。丁当人遂在渡口旁立了一座庙，把马总兵与北宋时期随狄青南下平定侬智高造反而战亡的石毓将军一起供奉其中，故称石马庙。庙宇建成日，刚好是五月初五。此后每年的这一天，人们都会去祭奠一番。

五月初五早上，欢乐的人群从四面八方纷纷赶来，渐渐地填满了

石马神巡游
潘玲艳 摄

街道,又渐渐地溢到了街道外的公路两旁。

此时,坪上的人们也忙活起来了。他们在街亭上摆起祭台:一张八仙桌上放满各色果品,石、马两位将军的灵位端放中央,两旁香雾缭绕。街上的行人行祭拜礼后,即由两人抬着灵位,前面的人举着幡旗、敲着锣鼓开道,在"咚咚咚""咚咚咚"的锣鼓声中,环街游行,所过之处,家家户户摆出供品,燃放鞭炮迎接,以示对神灵的敬重。

游完各街以后,把灵位放归石马庙中,优礼祀奉,祭祀活动也就宣告结束。

各家各户迎驾石马神
潘玲艳　摄

赛龙舟

　　几场淅淅沥沥的春雨之后,河水涨起。丁当河倏然变得宽阔坦荡,这时正是龙舟竞赛的大好时光。

　　丁当河两岸,绿竹葱葱,木棉挺立。此时从东三桥到石马庙河段,两岸已站满了从全镇各地赶来的观众,处处都人头攒动,处处都欢声笑语。

　　晌午时分,龙舟比赛开始了。

　　随着一声清脆的哨声,一字排开的三艘快艇像憋足了劲的快马,从东三桥下全速前进,冲向终点石马庙。每艘船上各有二十人,一人

龙舟比赛
何宏生 摄

站在船头拿着令旗指挥,一人在船中央擂鼓督阵,另外十八人在"嗨、嗨"的号声中划桨前进。只见木桨齐舞,银浪翻飞,三艘龙舟你追我赶,岸上观众喊声雷动,平日宁静的丁当河骤然欢腾起来。

参赛的九支队伍中,有两支是由"兄弟"组成的,称为"兄弟舟",他们凭借默契的配合和高超的船技力拔头两名,高高兴兴地摘走了锦旗,拿获了奖金。

原来,丁当人有结拜兄弟的习惯。十几位少年好友或志同道合的各村青年,在农历五月十三日结成异姓兄弟,以后彼此以兄弟相称,每遇红白事或建房等重大事情,"兄弟"们都出钱出物,全力相助。

啊,壮乡的五月,演奏着一曲曲团结奋进的赞歌!

山歌对唱

镇政府附近，有一株形如罗伞、蓊蓊郁郁的大榕树，其枝叶茂密，根部粗大，大有独木成林之势。这里就是文体节天然的山歌对唱台。初五一大早，一位壮族老汉和一位瑶族汉子已忍不住发痒的喉咙，亮起嗓子来了：

> 去年我到瑶哥家，
> 瑶哥杀羊敬我忙；
> 今年我备一塘鱼，
> 定叫老同醉三天。

> 壮瑶本是一家人，
> 隔山隔水不隔心；
> 甭说敬我一塘鱼，
> 稀粥一碗心也甜。

原来他们是俩老同！丁当壮、瑶、汉三个民族杂聚而居，由于长时间的友好交往，他们关系融洽，亲密无间，很多还结了异族兄弟和老同呢。山歌台上亲如一家的"对话"，就是他们互相敬重的心曲。

对歌里内容最多的，要数传统美德的教育：

> 莫忘父母恩，辛苦养成人。
> 娘忍饿吐哺，父赶黑做工。

得妻弃双亲,人不如牲畜。
儿孝敬双老,邻里传佳名。

母生父不教,难以成正器。
人生从小教,长大才成材。
……

歌手们并不是固定不变的。台上的人自认为过足了歌瘾,就退出歌台,别的歌手紧跟而上,从不间歇。唱到精彩处,观众们齐呼"内、内"(壮语,"好啊"的意思),场面更显得热烈。

当夕阳西下,金色的霞光洒在每一张快乐的脸庞上时,歌手们才捧着奖品,依依不舍地踏上归途。

山歌对唱
潘玲艳 摄

篮球比赛

五月初一,篮球比赛就拉开了帷幕。

参赛的队伍由镇直各单位及各行政村自行组织,共有十几支队伍。各队在抽签分组后,便按顺序各自捉队儿"厮杀"起来,最后决出一、二、三名,各有数目不等的奖金。

因为允许请"外援",即邀请非本单位或非本行政村的篮球高手加盟,每场比赛都会吸引大量的观众,使得比赛更加激烈、精彩,更富观赏性,也大大促进了当地篮球运动的发展。

但最精彩的,莫过于隆安县篮球队和天等县篮球队之间进行的友谊赛了。

篮球比赛
潘玲艳 摄

这是高手间的较量。只见队员们运球、传球无不娴熟、准确，还不时出现三分球、高空扣篮等高难度动作，常常引得上万名观众齐声喝彩。

"能看到这样高水平的球赛，真是过瘾。"场边一位后生哥一边抹去因拥挤而溢出的满脸汗水，一边赞叹道。

"比吃一碟鱼生片送'土茅台'还惬意呢。"身边的一位大汉接上了茬，引来周围一片哄笑声。

不过，他们虽然讲着、笑着，眼睛却始终盯着赛场——比赛实在太惊心动魄、扣人心弦了。

戏剧表演

戏剧表演从初三晚上开始，至初六结束。

古装戏是属于那些缺了牙的老爷爷老奶奶的，当开场的锣鼓声还没有响起，他们的懒人床已摆满了整个看台。而他们的孙辈们则在台前幕后跑上跳下，为即将开演的舞台增添了几分喧闹气氛。

掌灯时分，演员们随着一阵阵的锣鼓声粉墨登场，老人们也一个个摇头晃脑，跟着演员们轻声哼唱，完全沉浸在剧情的悲喜之中，而他们怀中的孩子们已经轻闭双眼，甜甜地睡着了。

老人们观看戏剧表演
潘玲艳　摄

三　夏之歌 | 89

此外，节日中还举行猜谜语、抛圈等活动。

歌声、笑声、欢呼声已渐渐远去，但人们兴犹未尽，还谈论着剧中的人物，谈论着节日中的奇事趣闻，翘首期待着明年文体节的早日到来……

猜谜语
潘玲艳　摄

抛圈
潘玲艳　摄

3 城厢镇"五一三"稻神祭庆典活动

2014年6月8日至10日,即农历五月十一、十二、十三日,隆安县城厢镇关帝大王庙举行了稻神祭庆典活动。我们全程进行了调查,现将调查情况作一回顾。

节日来源

关帝大王庙今昔 稻神祭庆典活动的正式举办日期是农历五月十三日。以前,在这个节日人们并不祭祀稻神,而是敬奉关公和北帝,这一天被称为"关公磨刀日"。

据庆典活动总负责人陈寿生老先生说,隆安县城共有观音庙、城隍庙、三界庙、孔庙(文武庙)和关帝大王庙五座庙。关帝大王庙由关帝庙和北帝庙合并而成,1999年,迁到现在的新址。

关帝大王庙是一座单层的砖混结构建筑,上盖琉璃瓦,四角饰有飞檐,庙里供着关公和周大王神像,神位两边刻着一副对联:庙貌巍峨千古仰,神灵更籍福乡人。横批:气壮山河。庙前另建一香火亭,亦饰飞檐,香火亭前面和大王庙后面分别是宽阔的平地,铺有地板砖,显得平整而洁净；庙右侧贴近右江岸上，前后各建有一条亭式长廊，长廊上盖有琉璃瓦，是县城居民休闲的好地方。关帝大王庙坐南朝北，濒临右江，庙门面向滚滚而来的右江水，左边是新筑的江滨路。

关帝大王庙迁到新址后，由于庙庭壮阔，交通便利，逐渐引来信众，县城内大部分居民在各种节日前来上香祈祷，香火不断，十分兴盛。2010年，隆安县的稻神祭被列入自治区级非物质文化遗产名录，并把关帝大王庙定为稻神祭传承基地。县、镇、社区经常在这里开展文艺表演，平时每天晚上都有人来这里跳舞，关帝大王庙显得更加热闹。

关帝大王庙供奉的神灵 关帝大王庙供奉的神灵有两位：一是关帝，即三国时期的关羽；二是周大王。

据1993年版《隆安县志》引民国二年编印的《隆安县志》载："关帝庙，在城西半里（今县人民医院宿舍区）。清康熙十七年建后倾圮，乾隆七年知县刘振信重建，复增建后殿。后屡次重修，今已废。"又载："北帝庙，在城西北河岸（今县粮食局），已废。"据74岁的当地居民陈寿生介绍，关帝大王庙就是北帝庙和关帝庙在倾圮后的重组。因此，庙中的神灵应该是关帝和北帝。至于北帝为何变成了周大王，目前还无从查考。

文献记载，北帝，全称北方真武玄天上帝，其又有玄天、玄天上帝、武大帝、真武大帝、北极大帝等称呼，俗称上帝公、上帝爷或帝爷公，是统理北方、统领所有水族（故兼水神）之道教民间神祇，据说拥有消灾解困、治水降火及延年益寿的神力；他还是北极星的化身，可指引船只航行于正确方向，因此颇受拥戴。

关公则是大家都熟悉的。他是三国时期的蜀汉大将，字云长，河东解县（今山西临猗西南）人。在我国历史上，关羽以忠义勇武著称，历代统治阶级为强化封建统治，把他视为教化万民的楷模，争相敕封，自宋朝关羽被封为"义勇武安王"后，其庙也多了起来。而在民间，也流传着许多关公显灵的故事。他成为"司命禄、佑科举"，治病除灾、驱邪避恶，诛罚叛逆、巡察冥司，法力无边、神通广大的神灵。

据传，每年的农历五月十三日，是关公磨刀日，也称"雨节"。这天如果下雨，便是关公在磨刀，其磨刀用的水从南天门处降下凡间，下雨便是吉兆，雨越大越好，预示当年必将风调雨顺、国泰民安；如果五月十三前后几天不下雨，那当年必是大旱歉收。

也许关帝和北帝都是司雨治水的神祇，职能相似，当地居民就把他们放在同一座庙中，共享香火。2010年后，稻神娅王塑像也在稻神祭庆典的日子里被请到庙中，与关帝、北帝一道接受人间的奉祀。

稻神祭民俗庆典活动内容　稻神祭被列入自治区非物质文化遗产名录后，关帝大王庙作为稻神祭传承基地，很快就组建起了传承人队伍。2010年4月，由陈寿生、李大能、余喜录、劳秀芳、黄世存、何月葵、陈少龙、陆杰新、陆树仁、刘永权、程庆生、雷秀香、李美东、李大志、陆礼兴、邓子弟、罗凤才、余显武、林秀珠、陆金仙等热心市民组建了隆安县"五一三稻神祭"传承基地管委会，负责举行每年五月十三日的平安醮会和稻神祭庆典活动。

2014年的稻神祭民俗庆典活动由城厢镇国泰社区和新兴社区居委会主办，隆安县"五一三稻神祭"传承基地管委会承办，协办的单位主要有隆安县文化广播影视和体育局、隆安县民族局和隆安县文学艺术界联合会等。活动内容主要有文艺演出、象棋比赛、踩花灯和过天桥、祭稻神、钻关脱难、千家宴等。

准备工作　笔者于五月十一日来到关帝大王庙，看到传承基地管委会的成员们正在忙碌地开展各种准备工作。

传承基地管委会的部分成员正在打扫卫生，把庙里庙外清扫得干干干净净。他们还在神位前的案台摆上果篮、仙桃、糖饼、荔枝等,香火亭的神案上还摆着熟猪头、熟整鸡、五色糯米饭、米碗等,香火炉上蜡烛通明,烟火缭绕。县城尚品居窗帘店的老板娘跟她的两位员工把神位边的旧窗帘撤下,换上崭新的窗帘和门帘。老板娘说,她看到神位的窗帘和门帘是几年前置上的,已经陈旧,于是她自愿赞助给换上。

庙门外,李秀妹、何碧云、何月葵、乃美东、余桂红、黄静丽、马玉芳、何翠莲、叶美芬、何碧婵等几位阿婆正在制作纸质的祭祀品。据她们说,早在节日前的20多天,她们就开始聚在一起,制作纸衣(包括关帝、周大王、观音娘娘的正装和休闲装)、纸塔、纸帽、纸桌凳、金山银山、纸汽车、纸金银锭、纸楼房、纸鞋子、纸马等,确保节日

阿婆们和她们制作的纸质祭祀品
雷英章 摄

期间祭祀品供应充足。

　　上午10点左右,稻神娅王塑像被请了出来,列在香火亭的左侧。她身穿传统的壮族服装,发髻高挽,还半开着一对翅膀(传说娅王前身是鸟王)。她目视前方,表情庄严,似乎在驱逐邪魅,护佑她的子民五谷丰登、人丁兴旺。

　　上午11时,受邀请的11名道公和仙婆已经齐聚关帝大王庙,他们先拜祭五方守幡使者,目的是让使者们守住幡旗,也就是守住自己的地盘,不让牛鬼蛇神作祟,确保平安醮会和稻神祭庆典活动的顺利进行。五方守幡使者分别是菩萨善神、坚牢树神、六甲大神、六丁大神、宝盖龙神。拜祭的时候,道公们在前头吹唢呐打锣,仙婆走着舞步紧跟,一名道头则在祭桌边念咒语,负责祭祀活动的黄世存(手拿一个关着一只小鸡的鸡笼)和几位阿婆跟在后面,他们随道公们的动作而鞠躬敬神。

　　庙后的空地上,陈少龙、陆杰新、陆树仁等正在搬来饭桌椅、案板、菜刀、大锅等厨房用品,有的已经开始煮粥、切菜、炒菜,他们要负责这三天时间里工作人员的一日三餐,同时要负责五月十三日下午的千家宴,可谓责任重大。

文娱活动

　　文艺演出　早在五月二十日晚,与香火亭相对的空地一端,就搭起了戏台。庆典活动期间,要连续三晚举行文艺演出,五月十一日晚,邀请南宁市粤剧团前来演出,五月十二日晚是隆安县内各社区文艺队演出,五月十三日晚是县城国泰社区和新兴社区文艺队的专场演出。每天晚上,前来观看的观众都很多,小广场上人头攒动,非常热闹。

其中，五月十一日晚的粤剧表演，还请来关帝和周大王的神位以及娅王塑像，让他们也观看演出，呈现出一派神人共娱的欢乐场面。

象棋比赛　象棋比赛在庙前广场右侧的廊亭上举行。参加比赛的选手有32人。他们先进行循环赛，积分较高的16名选手再进行淘汰赛，经过激烈的角逐，最后决出第一至第八名。其中花苏村的苏宇刚夺得了第一名，把400元奖金收入囊中。第二至八名也获得了100到300元不等的奖金。

踩花灯和过天桥　农历五月十二日晚八时，文艺表演正在进行的时候，关帝大王庙前小广场的踩花灯和过天桥仪式也开始了。举行仪式的场地四角分别设一张八仙桌，桌上各挂着一张红纸，上面分别写着"南瞻部洲""东胜神洲""北俱芦洲""西牛贺洲"，这应该代表着世界的四面八方，另外还有两张八仙桌，上书"地涌金莲"和"天垂宝盖"。这些八仙桌上都摆着一碗白米，上面插三炷香，旁边还摆三匙羹米酒。八仙桌围圈内，就是花灯阵，9纵13横，共117盏灯，每盏灯的底座是一只瓷碟，周围贴有红、黄、蓝三色花瓣，中间放一节短蜡烛。当所有的灯都点起，星星点点、闪闪烁烁，给人一种神秘感，又富有诗意。

仪式开始，在道头凌加能的率领下，道公们敲锣打鼓鱼贯进入花灯阵，仙婆们随后也进入灯阵内。他们踩着急促的步伐，在灯阵里穿梭绕行，其步伐之复杂令人眼花缭乱。

踩完花灯阵，他们又踏上旁边的天桥。天桥在夜幕降临后霓虹闪烁，煞是好看。

踩花灯和过天桥进行三轮后，祭祀组负责人黄世存、劳荣吉等人有的手捧关公和周大王神位，有的紧跟在后面撑雨伞为神位遮阴，一行人跟在道公仙婆后面继续踩花灯和过天桥，如此反复进行九轮才结束。据51岁的道头凌加能介绍，踩花灯和过天桥是请庙里的神灵巡视人间，查察人间善恶并记录在案，以惩恶扬善。

之后，道公们又举行分衣施食仪式。道头凌加能说，分衣施食就是给那些饿死、受伤而死等没得善终的鬼魅分发食品和衣物，让他们吃饱穿暖，同时施与一定的符法，避免他们到处闹事，为害人间。

祭稻神 农历五月十三日上午9时，在庙前的小广场上举行祭稻神开幕式。临时的戏台设置了主席台，县、镇、社区的有关领导以及稻神祭传承基地管委会负责人在主席台就座。1000多名群众参加了开幕式。镇长王德勇主持，副县长蒙精群讲话并宣布稻神祭庆典活动开幕。只见举着鱼、虾、龟、蚌等水生动物模型的姑娘们鱼贯进入场内，分立在场地周边。两条稻草龙随后出场，它们都身长14米多，全身由稻草和丝线扎成，舞龙队员也披着稻草外衣。一名队员擎龙珠在前

开幕式上的文艺表演节目《舂米》
雷芙章　摄

头带领,龙则紧随其后,并盘旋舞动,不时摆出高难度的动作,鱼虾龟蚌们也在旁边跃动,场面恢宏、气氛热烈。紧接着,布泉社区文艺队上场表演《磨磨》和《舂米》,一群男女青年身穿民族服装,把收割晒干后的稻谷进行加工,其中还夹杂着不少互相逗乐追闹的情节,体现了壮乡在传统稻作农耕时期的生活场景,富有乡土气息。

文艺表演结束后,六位壮族婆姨向稻神娅王祭拜。她们每个人都头缠布巾,着右衽蓝色或黑色上衣,脚穿布鞋,一身传统的壮族服饰。她们把五色糯米饭、熟猪头、熟鸡、仙桃、糖饼等摆在神案上,点上三炷香,向稻神娅王三鞠躬,祈求稻神保佑她的子民稻谷丰收、牲畜成群、人丁安康。

钻关脱难 农历五月十三日下午4时,在庙前的小广场上举行钻关脱难民俗活动。

所谓钻关脱难,就是让信众钻过一道道"关"门,寓意除去一切苦难,脱离苦海,从此事事顺利、幸福安康。"关"是由竹条制作而成的,把竹条弯拱成半圆状,外用粉红纸缠绕,竹条两端插在红砖的圆孔上,这样就成了一个个拱门状的"关"门。"关"有36道,每个"关"门顶上都写有关名,它们分别是重门关、芒神关、四柱关、和尚关、金销关、落井关、汤水关、浴盆关、雷公关、短命关、断桥关、千日关、火眼关、鬼精关、风流关、三丘关、七姐关、英雄关、破军关、将军关、鬼门关、下情关、天狗关、五苦关、八难关、死门关、夜帝关、口舌关、武曲关、阎罗关、天吊关、四季关、六害关、五奠关、急脚关和廉贞关。每个"关"门的两脚都设有蜡烛、香和一碗白米,入关处和出关处各设有一个用纸盒制成的积善箱。

仪式开始时,道公喃经在前,祭拜组负责人拎着小鸡在后,环绕踩过每一道关门,道头凌加能还用竹剑在每一道关门上虚空画符,表示所有的关都被施了符咒。随后,信众们就鱼贯从入关处进入,从出关处出来,如此反复三次;有的信众的家人由于出门在外或忙于工作,无法亲自前来钻关,信众就把每个家人的一件衣服放在菜篮里,提着菜篮钻关,表示所有的家人都参与钻关了。信众们在经过入关处和出关处时,都要往积善箱投下几毛或一元的散币。

钻关仪式从下午4时开始,到5时结束,参加的信众大约有2000人。

钻关仪式结束后,祭拜组负责人黄世存、何月葵等搬来纸马、纸屋、纸衣等纸质祭祀用品,在香火亭前焚烧,随着熊熊火焰冲天而起,这些纸质祭品一下子化为灰烬。据道头凌加能说,这是送神,意为经历了三天的工作,神祇们既吃饱喝足,也辛苦受累了,让他们回归神位,同时让他们带上各种物品,在神界受用。

钻关脱难
雷英章 摄

千家宴 农历五月十三日下午6时，千家宴在关帝大王庙后的空地上和廊亭准时开宴。笔者于6时30分赶到时，发现这里已经人山人海、熙熙攘攘，空地上已经密密匝匝摆满了围满食客的饭桌。我数了数，桌上的菜品还真不少，有白斩鸡、酸浆鸭、叉烧等共10道菜。据工作人员劳荣吉介绍，今年的千家宴要摆220多桌，按照每桌10人计算，来吃千家宴的人数达到了2200多人。我问道："要摆那么多桌的饭菜，食谱又那么丰富，资金如何解决？"劳荣吉回答说："资金基本上都是食客提供的，信众们在捐款时，按规定每捐五十元可以得到一张参加千家宴的饭票，这样整个庆典活动包括千家宴在内的费用就都能解决了。"我又问："为什么那么多人喜欢来这里聚餐呢？"劳荣吉说，平安醮会和稻神祭庆典活动，由于有了神灵的巡视，这里的东西就沾上神灵的灵光，参与的人会得到神灵的保佑，吃了这里的饭菜自然也可以得到福禄寿神的保佑，因此，参加千家宴的人自然接踵而来。

4 稻谷节

每年农历五月二十六日，罗兴村都要欢度稻谷节。它的来历有这么一个传说。

罗兴村依山傍水，背倚大青山，村前罗兴江绿水绕过，两岸都是肥田沃地。可是古时候由于没有水利灌溉，村民们只能眼巴巴地看着近在咫尺的江水日夜不停地向东奔去，两岸的田地每年总是赶不上清明前后的大好时节插秧，只能等到六月以后大雨季节，田里有了积水才能开犁耕种，还经常遇到旱灾，造成庄稼产量低，收成少。罗兴村民虽然拥有优越的自然环境，但还是过着贫困的生活。

罗兴村民多么盼望能让清凌凌的罗兴江水欢快地流进岸边的良田啊！他们绞尽脑汁想办法挖渠修水利，多次考察罗兴江，但是都没有结果。罗兴江上游有一道拦河坝，这石坝与一座大石山相连接。拦河坝与石山连接的，是山崖下的一块巨石，那块巨石中间有一道崖缝，土名叫"叫关"。有一天，几个村民带着猎狗到山下打猎，突然猎狗发现一只野猫，它从山脚追过去，追到大石崖时，那只野猫倏地钻进叫关去了。狗身子大，没有办法追进去。村民就用火烧烟熏的土办法，想把野猫熏出来。果然，野猫出来了，但它不是从叫关正面出来的，而是从它对面跑出来的。这件事让村民豁然开朗：原来叫关前后是相通的，只是它的缝隙位置高，上游的河水流不过来，只要开凿叫关，扩宽缝隙并降低缝隙位置，就能在江边挖渠引水浇灌村里的上千亩良田。于是他们决定开凿叫关洞。经过一段时间的寻访，请来外地名叫隆英、隆雄的兄弟两石匠，村民们恳求他们帮助开凿叫关洞。村里的几个头领带他们去现场勘查，并把开凿通水后的打算及美好前景讲给他们听。隆英、隆雄兄弟俩被村民们的诚意所感动，他们利用自制的简陋工具，克服重重困难，每天挖凿不止。历经半年多的努力，终于把叫关洞凿通。村民们欣喜若狂，他们在村老的带领下，开始挖渠道、修水利。大家齐心协力，挖成一条长3公里、宽2.5米、深3米的水利渠道，引水灌溉着一垌垌稻田，实现了旱涝保收。每到金秋时节，稻谷飘香，村民们脸上堆满幸福的微笑。别村的人都羡慕道："就是有十二个太阳也晒不干罗兴的稻田。"

凿洞引水成功，彻底改变了村民以往的种植习惯。过去由于没有水利灌溉，水源不足，农民只能等天下雨才能种一造晚稻。引水浇灌后，村人学会了种早稻。不管是初春还是酷夏，都能看到田野里到处是绿油油的一片。村民们看在眼里，喜在心上，他们决定建立"叫关庙"，歌颂隆英、隆雄兄弟俩的引水功德，供世世代代纪念。庙堂建成时，是农历五月二十六日，于是定下每年这一天为稻谷节。

这天，家家杀鸡宰鸭，到叫关庙祭拜隆英、隆雄，还邀请亲戚朋友来做客。中午时分，每家每户拿整只的熟鸡、大块的熟猪肉、香烛、鞭炮，到自己的稻田边拜祭，祈祷当年稻谷丰收。下午两时左右，宾主开始入席用餐，此时，村里到处洋溢着欢乐的气氛，大家欢度稻谷节，一直喧闹到深夜。

稻谷节来历的传说以及当今稻谷节的盛况，至少说明了两个问题：

一是稻神的角色发生了变化，由原来的娅王变成了隆英、隆雄两兄弟，这是壮族社会从母系氏族公社进入父系氏族公社后，男子逐步在经济生活中扮演主要角色的结果。二是灌溉设施的改进和双季稻的推行。罗兴江河床低矮，尤以罗兴屯段为最，只要拦河抬高水位，再挖沟引渠，即可灌溉农田。古代稻民们就是利用这种优越的条件实现旱涝保收，并因此实现水稻的一年两熟。

5　芒那节

每年农历六月六,是隆安县民间各地举行稻神祭、祈求丰收的盛大节日,壮话称"芒那节"。

2013年7月13日为农历六月六。这一天,我们有幸受邀到乔建镇儒浩村参加了稻神祭活动。因此,我有机会记录了这一次活动的全过程。

这几年,因为搞稻作文化调查,儒浩村我们已走访过多次。

儒浩村是隆安盆地一个绿野葱茏、田园如画,风景极为优美的地方。

当你走进儒浩村时,会发现这里有壮丽奇特的稻神山,有成片的稻谷大石雕,有一坡又一坡的祭稻神土坛,有好多处的大石铲遗址,有多彩的野生稻,有延绵阡陌的稻田,稻田旁边是保存完整的守护神庙——大王庙。

如果说,隆安已被公认为是骆越民族稻作文化的中心的话,那么乔建镇儒浩村一带则是中心的中心。

这里的老百姓勤劳而纯朴,他们历来崇拜稻神,因此年年举行稻

离儒浩村不远的挂榜山
张晓 摄

神祭祈丰年活动。

而今年是我第一次参加稻神祭活动,它给我留下了特别的感受。

首先,当我走进村时,就看见在老远的大路上挂有一道横幅:儒浩村人民欢迎你来做客六月六"那"文化民俗稻神祭活动。

见了这道横幅,我感觉节日的气氛已有几分隆重了。接着我便随着人群快步走进村去。

当我们走进村里时,村道上已是人来人往。他们大多数都提着一个食品篮,篮子里面盛有冥钱、纸衣、酒壶、瓷杯及已煮好的鸡鸭鱼肉、三角粽、甜糍粑等供品。他们见客人来了,热情地点头问候,然后便匆匆而行。

我问了几位主家,这些供品是今天早上制作的吗?他们说,好多是前两天或更早一些时候就准备好了。人们为过这个节，都已忙碌好几天了。

太阳照到稻神山上，不少主家已拿供品到大王庙里祭拜了。在大王庙里祭拜过后，接着又到田峒边去祭拜。

我们往前走去，在大王庙前面通往田峒的大路上，两边的供品都已摆成长阵。人们点上香烛，摆好祭品后，便虔诚地面向田峒，屏住呼吸，静静地等待法师们来作法祈福。

大王庙坐落于儒浩村小学旁边，敞开的大门朝向田峒。庙里的大王塑像面对着广阔的田峒，日夜守护着前面的稻田。

儒浩村大王庙神台图案
陆有作　摄

大王庙现为三间敞通平房,屋外面左右两边各立有狮子一尊。前方竖有两根对称式的石柱桅杆,庙外墙多处都已斑驳不齐,让人觉得有久远之感,但整个庙看起来仍不失古朴庄严,让人肃然起敬。

站在大王庙前,我随意问村民:"大王叫什么?""哪里来的?"好多人都不知情,可也有人含糊地回说大王就是国王,但哪里来的国王也说不出了。其实,大王即骆越王,古时老百姓尊称骆越王为大王,各地往往立他为守护神。他一年四季守护着骆越大地的田野村庄。经调查,大王庙不仅这里有,骆越各地亦保存有不少呢!

每年当地百姓在稻田里驱田鬼、招稻魂,祈雨求丰收时,都先到大王庙里祭拜,请大王出行相助才开始举行祭祀、做法事。

请大王

这一天的早晨,大王庙里的香火十分旺盛,各家各户都先把祭品拿到这里摆放,然后再拿到田垌祭禾神。而法师们在田边做法事之前,也先在这里举行祭拜大王、恭请大王出行的仪式。

祭拜和恭请大王传统的做法是:摆供品、烧香烛后,法师们便手执法具,有节奏地摇着铜铃,敲着锣打着鼓,一面唱着请神词一面虔诚地舞拜,时间多为10分钟或半个钟头不等。

请神歌词为壮语,汉译大意是——

今日驱田鬼,
请大王出面;
把鬼怪赶走,
大王力无边。

> 今日招稻魂，
> 请大王出面；
> 待秋后丰收，
> 隆重来还愿。

驱田鬼

在通往田垌的路中间安放一张八仙方桌，方桌上摆放鸡鸭鱼肉和糯米做的各式各样的凉棕、糍粑等供品。八仙桌后面以一幅《佛法僧三宝图》做屏风。桌子前方烧香火蜡烛，插冥钱元宝。

法师们在大王庙里拜祭祈请后，就前呼后拥着"大王"到这里护坛，做驱鬼法事。法事一般从上午10点钟正式开始。

参加这次驱鬼法事的不单是几个法师，还有当地村民群众。这些村民男女有的也穿上具有宗教含义的彩色服装。他们跟在法师后面，虔诚地一起舞蹈祭拜，以示驱逐田鬼。

开始驱田鬼时，主事法师有的执长剑，有的执长棍，他们手摇铜铃，敲锣打鼓，边舞边唱，作驱赶状，并由一人念驱田鬼经文。经文为当地壮语，汉译大意如下——

> 母王守田头，
> 哪个敢作祟。
> 作恶拿去杀，
> 尸首分两段。
> 一段给狗咬，

驱田鬼
何宏生 摄

一段给虎吃；
作恶没好死，
闻香快归位。

主事法师的表情显得特别严肃和认真，后面的群众也随着法师舞步，频频俯拜。

招稻魂

田垌里每隔几丈远便插上一张彩幡，远远望去，色彩艳丽，煞是悦目。

人们认为稻谷长得不好，是由于田鬼作怪，稻禾魂飞魄散，必须把受惊吓而飞走的稻魂招回来，稻禾才长得好，才能结出饱满稻穗，获得大丰收。

于是法师们在做完驱除田鬼法事，把田鬼赶跑之后，便沿着田埂，走在田间小道上巡回三视，摇着铜铃，敲击鼓锣，把被惊走的魂魄招抚回来，让它们恢复元气。这样稻禾才能长得旺盛，扬花出穗。

法师们在田埂上一面走，一面作法，一面反复颂唱招魂经，其颂词汉译文大致如下——

盘古造天地，
母王备谷种；
谷靠魂护身，
魂散米失损。

魂散米失损，
虫钻米不成；
丰收靠稻魂，
稻魂快返回。

稻魂快返回，
稻花结满穗；
九十月丰收，
拿猪头祭拜。

法师们一面舞拜，一面颂唱经文，表情十分虔诚，其声十分感人。

招稻魂
何宏生 摄

祭天祈雨

在靠天吃饭的年头,要使稻禾生长得好,获得好收成,驱田鬼、招稻魂只是人的一种愿望。其实,如果老天不降雨,不是风调雨顺,稻禾也无法生长得好,这年还是要歉收。为此,法师们在举行驱田鬼、招稻魂仪式之后,还要做一个祭天祈雨的法事。

于是,法师又回到八仙桌边,重烧香烛,再添祭品。末了,他们和先前一样摇起铜铃,手持法具边舞边唱,希望雷王笑脸纳供,常降甘霖,洒甘露,沐浴稻禾,沐浴人间。于是法师们颂唱着经文,温和地祈祷。壮语经文,汉意如下——

烧香来祭天，
天下雨才成；
给田地湿润，
让禾苗发青。

禾苗叶不青，
稗草高过人；
求王天老祖，
慈悲降甘霖。

有雨禾才长，
烧香敬祖神；
九十月收获，
再还愿奉敬。

抢鱼抢鸭比赛

　　抢鱼抢鸭比赛是古老的骆越傩祭民俗。因为种种原因，这一深受壮族群众欢迎的民俗在新中国成立后就淡出了人们的社会生活。今年隆安儒浩村六月六芒那节，村委会根据老人们的要求，投入了数十只鸭子和上千斤鲇鱼、罗非鱼，在"雒田"傩祭现场的水塘中开设了抢鱼抢鸭赛场，使这一古老的民俗又重现于六月六芒那节。

　　在传统的"雒田"傩祭法事后，随着村委主任陆英江"开始"的一声令下，上百名"运动员"蜂拥下水，争抢赛场里的活鸭和活鱼，于是水塘中鸭飞鱼跃，满场一片欢腾。参与活动的"运动员"中有精壮小伙，也有六旬老人和七八岁的幼童，还有平时难得一见下塘戏水的家庭妇女，纯粹是一个全民同乐的活动。"运动员"在水中"龙腾虎跃"，威猛异常，水塘边的观众也手舞足蹈，尖叫助威，特别是看到"运动员"抓到活鸭和活鱼时，场面更是欢腾火爆。

祭稻祖神

在田边做完驱田鬼、招稻魂、求雨神仪式后，接着便是举行祭稻祖神仪式。

在儒浩村的另一头，一个低矮的岭坡边，耸立着一尊巨石，其头像鸟头，又似人头，细看时更像娅婆的头像，这头像颈端有一细缝，缝里还有黏着物，再三细看，才发现是人为放置上去的。

人们说，这就是稻祖神，也称祖母神，估计存在一万年了。在稻祖神身上，还留有刻划的符号，这是骆越古文字，谁也看不懂。

这时候，法师们在田边的祭祀活动已结束，便一起朝着祖母神像这边走来。他们一面走路，一面摇着铜铃，边舞边向祖母神靠近。

而原先在稻田边祭祀的各个主家，也提着竹篮祭品跟在法师们后面一起过来。来到稻祖神像前边，各家各户便把供品摆在其神像周围，点燃香火，虔诚祭拜。

稻祖神，顾名思义，是创造稻物的祖母神，是把野生稻栽培成人工稻的第一人。先祖们在村边立雕像供奉。每年的农历六月初六，人们驱田鬼、招稻魂、祭天祈雨之后，就是祭拜稻祖神，以示还愿感恩。

法师们在稻祖神座前的小庙摆好筵席后，便点燃香火，插上香烛，摇起铜铃，敲起锣鼓，虔诚地在空中划着神幡把稻祖神请出来，他们面向稻祖神像认真地颂唱着邀请经文。经文为古壮字，大意如下——

母王送谷种,
老人亲口讲;
相传几千年,
烧纸钱祷告。

母王快回来,
到各村各户;
送福送财马,
民众跪感恩。

母王快回来,
保各家丰收;
种田又养猪,
吃穿不忧愁。

请母王下凡,
保国家兴旺;
母王到人间,
社稷才平安。

法师们念颂经文把稻祖神娅王请出来后,参祭民众一齐跪拜,围在稻祖神周围听司仪念祭文。司仪手执祭文,清了清嗓子,便高声朗诵道——

隆安儒浩，稻神之乡；
神山龙潭，汇聚一方。
上万年前，稻神显像；
落座儒浩，造福壮乡。
远古先民，在此闯荡；
同心协力，垦地开荒。
奈无工具，耕种无望；
奈无谷种，难以插秧。
民无收成，生活凄惨；
野果充饥，面瘦肌黄。
稻神娅王，慈悲天降；
一送石铲，二送种粮。
王送谷种，功德无量；
再送石铲，恩惠难忘。
猪头一个，燃香奉上；
答谢神恩，表我衷肠。
一谢娅王，鼎力相帮；
赐我谷种，民生有望。
二谢娅王，神恩天降；
赐我农具，教我种粮。
三谢娅王，为民求雨；
不畏雷公，敢于担当。
娅王慈悲，天恩浩荡；
保我黎民，幸福安康。
佑我隆安，蒸蒸日上；

法师向信众分发谷种
何宏生 摄

护我神州，国富民强。

山河有知，魂兮来降；

大礼告成，伏惟尚飨。

司仪念完《祭娅王文》之后，法师摇响铜铃，跟着鼓锣齐奏，冥钱飞舞。过了一阵，司仪率众祭家齐向稻祖母神娅王三鞠躬行礼。

至此，司仪宣布田野祭祀仪式礼毕，各家各户收集供品装入篮里提回去，举行百家宴。

百家宴

百家宴是稻神祭的最后一个高潮。

为感恩，祭祀活动结束后，各家各户便热情地招呼前来助阵的客人及其亲戚好友回家，共同进餐。

这一天，人们不管认不认得，凡是来者，便为客也，进哪一家，该为宾也，都会受到热情的欢迎、隆重的接待。

家宴开始，人来人往，热闹非凡。有的人家摆上十桌八桌，还有的则摆上三五十桌。这次村主任家就摆了三十多桌，楼上楼下，宾朋满座。

这是表示对宾客前来助兴祝贺的答谢和慰劳！

百家宴的餐桌上，摆满了鸡鸭鱼肉和猪牛羊肉等丰盛的食物，饮料大都是用自己种植的稻米酿出来的甘醇米酒，戏称土茅台。还有用大米做成的三角粽、细凉菜、甜糍粑、糯米饭、榨米粉、干锅饭、稀粥及甜玉米、红薯、芋头等五谷杂粮，应有尽有。大家都随意、尽性，末了还可以随身携带回家与家人共享。

百家宴往往从中午开始，一直到深夜。这一天，所有村屯都沉醉在其乐融融的气氛中。

四　秋之歌

1　鬼节和娅王节

鬼节

壮族地区农历七月十四被叫作"鬼节"(也叫"七月半""七月节"),这是当地仅次于春节的大节。

习俗认为,人死后灵魂都要回到老祖宗的居住地骆越,所以陆斡(骆越)也叫"圩访",即"鬼圩"。夜里荒郊坟地中出现的点点磷光,就是"鬼"点着灯笼去赶"鬼圩"。传说"鬼圩"有十座铜桥,有十二座宫殿,有"七徒郎庙"(七尊王神像的庙),还有喝了使人忘记人间情义的"忘情泉"。人死后要师公做法事度引,灵魂才能回到老祖宗居住的"鬼圩"。新回来的"鬼"要先喝忘情泉,了结人间的所有情缘。然后再过十座铜桥,朝拜十二座宫殿,才能在"鬼圩"安居。"鬼圩"的传说使武鸣的陆斡(骆越)成为壮族民间敬仰的圣地。

在壮族的传说中,"鬼圩"的鬼魂在每年农历的七月,都会获得鬼王的恩准回家探亲,这一探亲"假期"有三七二十一天,每年从七月初一开始到七月二十一日结束。每年到七月初七,亲属们就会为探亲的鬼魂备下隆重的"宴席"和"礼品",到二七一十四日达到庆祝的高潮,七月十五鬼魂才开始回程,到第二十一日后假期就结束了。因为鬼魂是回来和亲属过节的,所以七月初七也叫作"鬼节"。

传说最先回来的鬼魂是当年死去的亲属,所以每年"鬼节",有新死去的亲属的人家都要先举行接亡灵的法事,供鸭、猪、鱼等给亡灵享用,烧冥衣、纸钱等给亡灵备礼品回"鬼圩"。随后回来的是祖先的鬼魂,传说鬼魂是夜里从水路回来探亲的,所以传统的鬼节礼仪中有造小竹木筏或纸筏的传统,上插蜡烛和香火,晚上放到河里,以迎接祖先的鬼魂回家,这一习俗叫作"放河灯"。在鬼节习俗盛行的年代,一到晚上,满河里漂流河灯蔚为壮观,成为壮族鬼节中一道独特的风景线。

壮族人过"鬼节"期间,都很少出远门或做其他生意上的大事,下午街上的商铺早早地就关门歇业。习俗认为,在鬼节期间,有主的鬼都被迎回家里享受供品了,而无家无亲的孤魂野鬼就只能在荒野上游荡,所以在这个时段里,人们都不要在外面闲逛,免得被野鬼拉去做替身,故又称该习俗为"躲鬼"。"鬼节"也给人们偷懒带来了一个很好的托辞,活着的人也有了美餐的理由。他们早早地准备好祭拜祖宗的香烛、元宝、纸钱,买好糕点、水果,最重要的是在这一天家家都会吃鸭子。据老人说,祭拜祖宗时,所用的纸钱、衣物是要靠鸭子驮过河的,所以,鬼节时一定要吃鸭子。久而久之,吃鸭子就成了过"鬼节"不可缺少的一个节目,如同北方人年三十要吃饺子一样。也有一些当地人说:鬼节期间吃鸭子,主要因为在广西无鸭不成席,在七月十四这样敬天地、祭鬼神的大日子里,怎么可以没有像样的祭品来供奉祖先呢?民俗史专家则认为:在壮族农村种植春季稻时,每户人家都会买上十多只鸭子回来饲养,鸭子不断采食和踩踏稻田里的杂草，采食飞虱、叶蝉和各种螟蛾等害虫以及水生小动物，既减少杂草、害虫和小动物等对水稻生育的危害，又为鸭子补充了一定量的优质饲料，而鸭子排出的粪便也为水稻提供了大量的有机肥料。在种秋季稻的时候，鸭子也肥大了，农民们为了犒劳自己，开始杀鸭子过节。随着时间的推移，人们就习惯在鬼节里吃鸭子了。

在隆安壮族地区，过鬼节是这样的一番景象：

初七过后，大街小巷都能看到人们忙着赶圩采购香烛、纸衣、纸鞋等，七月初八开始"接祖"，七月十二以前要把祖宗接回家，一日三餐点香供祭。十三之前，家家户户都搞大扫除，特别是祭拜的用具，如桌、椅、板凳、餐具以至香炉、灯盏等，都要一一清洗；平时言行中要注意礼节，切忌骂人、闹架（为给祖宗留下家庭幸福祥和的好印象，让祖宗能够乘兴回来，放心回去）；把供品备好。这样做，一是表示对祖宗的敬重，二是展现子孙能干的治家本事。此外，还要把纸做的房子、衣服、元宝等供在厅堂。

十三、十四两天，全家停止一切农事（相当于放假），集中力量搞祭拜活动，包括置办丰盛的祭品，举行肃穆的祭拜仪式，把所有的纸供品烧化，以示送给祖先带回去享用。在鬼节虽然也会拿鸡来当供品，但祭祀品以鸭子为主。传说祖宗回家探亲，要过很多河荡沟渠，所以让鸭子作为"使者"载他们回来，同时把给祖宗的祭品送到河对岸去。

从十五至二十这几天，大家纷纷走亲戚。嫁出去的女儿，都要在这几天的某一天回娘家看望父母、兄弟，已经有了儿女的通常都要携子女回去看望孩子的外公、外婆、舅舅以及各位表亲。

娅王节

鬼节还有一个重要内容，那就是祭祀"大王"，"大王"也叫"娅王"。农历的七月二十日，就是传统的"娅王节"。

在隆安壮乡，流传着这么几句歌谣："十五娅王浮（浮肿），十六娅王给（肿胀），十七娅王结（病痛），十八娅王胎（死），十九拿抬杠（做棺材），二十葬娅王。"意思是说农历七月十五那天娅王身体开始浮肿，十六日浮肿加重，十七日娅王病重，十八日娅王死去，十九日人们准备埋葬物品，二十日给娅王下葬。后来，他们还过一个特殊的节日——鸟王节，也叫娅王节，以纪念骆越母性始祖、壮族的稻神娅王。

关于鸟王节的来历，有以下几个故事流传。

第一个故事是流传于乔建镇、南圩镇一带的"鸟王节的传说"。

很久很久以前，动物都有自己的大王，比如猴王、虎王、蚁王、鹰王等。那时鸟类的大王叫作"娅王"。这娅王通情达理，乐于助人，每当人们有困难的时候，她总是想方设法帮忙。当时有个雷王，专门管辖天下雨水。有一年，雷王故意刁难天下的百姓，从年初到年尾没给下过一场雨，旱情严重，人们无法种植水稻和其他庄稼，挣扎在死亡线上，苦不堪言。娅王看在眼里，心中很是不忍，就去请求雷王降旨下雨，以救天下苍生。雷王却说："你们鸟类反正不缺水喝，何必操这份心呢？"鸟王说："我不能只顾自己吃饱而眼看着人类受苦。如果能够的话，我愿意把我吃的水都让给人类。"雷王大怒："你愿意替他们去死吗？"鸟王说："如果我死了以后能救众生，那就让我去死吧。"于是雷王下令连降七天大雨，从此天下的人又能耕田种地，安居乐业了。但是，鸟王却因连日下大雨，无法飞去觅食，虚弱以致病死。娅王于农历七月十八死去，葬礼定于二十日举行，人们为了纪念她的功德，便把安葬娅王的日子定为"鸟王节"，家家户户蒸制米粉，以祭奠娅王，而她的子孙——鸟雀们都来参加她的葬礼，所以这一天很少见到鸟儿的踪影，偶尔见到的一两只，也都是悲啼声声，羽毛稀疏，据说是过于悲伤和抬娅王的灵柩所致。

第二个故事是流传于那桐镇那重村一带的"娅王洞的传说"。

隆安县那桐镇那重村有十几个低于地面的岩洞，有的可容纳几百人，有的仅能容纳十几人。当地人称这些岩洞为"重"，十几个"重"合称"重娅王"，翻译成汉语就是"娅王洞"，那重村也因这些"重"

那重村娅王洞之一
雷英章 摄

而得名。

传说古时候,那重村有一片沼泽地,该地鱼蚌等水产品丰富,能食用的野生植物也很多,但缺乏一种好的主食。有一天,一只大鸟口衔一根稻穗从西边飞来,栖息在那重的沼泽地上,几个月后,沼泽地长出了不少的水稻,人们把稻穗取回家里,脱壳后煮成饭吃,觉得很是美味。他们留下一部分稻种在沼泽地上种植,不出几年,这里就长满了水稻。从此,那重人就过上了丰衣足食的好日子。为了报答大鸟的恩德,人们把稻米制成各种食物,拿到稻田边想喂食大鸟,但连续寻找几天都找不到它的踪影。晚上,族老做了一个梦,梦见一位老婆婆对他说,大鸟是祖姆娅王的化身,现住在村边的岩洞里,你们把食物放在洞里就行了。第二天,族老按照梦中老婆婆的吩咐,把食物分放在各个岩洞里,供大鸟食用,并对其顶礼膜拜。从此以后,这里的岩洞就被称为娅王洞。

第三个故事是流传于雁江镇一带的"稻神祭的传说"。

很久很久以前,地上一片洪荒,没有花草树木,没有五谷庄稼,人们生活得很苦。娅王在天上看见了,很同情人间疾苦,她便变成一只神鸟,从天上衔来稻种,把稻种撒在这个地方。因为这里气候温和、雨水充足、土地肥沃。从此,地上开始生长稻谷。为了让稻谷生长得好,人们在原始的泥泞地带开垦,用泥土和石头垒起一块块田,也称作"那",既保水又保土、保肥。在河边山谷的梯田,人们称之为"那绿";那些比较平坦、宽广、开阔的田地,人们称之为"那垌"。

风调雨顺的年头,稻谷颗粒饱满,岁稔年丰。要是碰上大旱大涝、病虫害灾年,稻谷就颗粒无收。所以,在稻秧栽插前后,都要去祭拜娅王,祈求娅王保佑风调雨顺,稻禾不受野兽、老鼠、病、虫等侵害,收成殷实。

有一年，地里连续干旱，眼看种下的禾苗就要枯干，人们没有办法，只好去求娅王降雨保稻禾不受旱灾。但娅王在天上是不管降雨的，掌管降雨的是雷神。娅王便去找雷神，同时带去一大团五色糯米饭和一坛用稻米酿造的美酒。雷神看到后高兴极了，他从来都没有吃过那么香的五色糯米饭，没有喝过那么甘醇的稻米佳酿，便把娅王送给他的五色糯米饭以及稻米酒都吃完喝光了。之后，他醉迷糊了，娅王请他去降雨，他也记不得应先到玉皇大帝那里请旨，便直接把天河里的水洒降凡间。玉皇大帝怪罪雷神，雷神又怪罪娅王。但娅王不怕，

娅王造型
何宏生 摄

她知道即便自己死了，也可以重获新生。故每年的农历七月十七日，为娅王的罹难日。每年的农历七月二十，所有的鸟都到鸟山去聚集，拜祭大王，为大王守灵。也怪，在民间流传的葬大王的日子里，天气大多是阴天伴有小雨。

鸟儿们聚集在鸟山后，就由咚叮鸟打铃、咔喳鸟拜灯、别唎鸟奠酒、乌鸦念经，直至廿三日娅王还魂获得重生后，百鸟才陆续返回。

人们怀念娅王的种种好处，便在七月中旬备三牲设酒席敬拜，祝愿她死后阴魂不灭，顺利还魂重生。

从以上传说故事中我们可以看出，娅王神在壮族麽教中有崇高的地位。她在古骆越地开辟了水田，并教会人们水稻的播种收割，带领壮族人民以种植水稻为生，过着安居乐业的生活。为了感谢娅王，人们尊娅王为"稻神"，并在每年的早稻灌浆时期，举行祭娅王活动，祈求风调雨顺、五谷丰登。

2 尝新节

农历八九月,金稻满地,桂花飘香。秋色宜人的壮乡,到处洋溢着幸福、喜悦的气氛,这是他们一年辛苦劳作即将得到丰硕回报的时候。为庆祝这丰收的季节,人们择日欢度"尝新节"。他们用新割的稻米制作米粉、糍粑等,还备上酒、猪肉、整鸡等祭品到大王庙敬奉祖灵,报答祖先保佑他们粮食丰收。然后召集亲朋好友到家中聚餐,

秋收
何宏生 摄

饮酒作乐，直到深夜方散。他们认为，稻田是由土地神和稻神守护着的，若开镰时不行此习俗，土地神和稻神认为你失礼，就会不高兴，当你收割时，神灵也告诉老鼠、乌鸦等群害，让它们也来分享，于是你收，群害也来收，这样便导致歉收。如果行过此礼，当你收割时，群害就不会来分享，等你顺利收割完了，它们只能得到丢在田里的颗粒，这样你就能确保丰收。

尝新节，没有统一、固定的节期，各村寨有自己的过节时间表，不拘形式。如那桐镇上下邓村过八月初二，城厢镇良安村板蔡屯过八月十四，那桐镇镇流村和丁当镇森岭村过九月十九，等等。

2015年农历八月十四日，我们受文友蔡老师的盛情邀请，到城厢镇良安村板蔡屯去体验"尝新节"中的一种具有地方特色的"鱼生节"。

老一辈的人口口相传，板蔡屯的先人在明代时从福建迁徙而来，当时相约来的有24户人家。来到隆安之后选址时颇费周折，一连找了好多地方都不满意。有的地势平缓但缺少河流，有的石山连片，没有可耕之地，还有的有山有水却朝向不佳。最后先辈们找到现在的村址，看到这里有青山有绿水，有平地有丘陵，林木茂密，百草丰茂，十分适合居住和生产生活，就开始砍树建房、开荒造地、架桥修路，一个有生气的小村子慢慢建成了。因为水源丰富、土地宽裕，大家又相约每户都挖一两口池塘，并在池塘里放养各种各样的鱼苗。每年到了七八月份打鱼的好时节，除去自己方便食用，还可以和亲戚朋友分享，这就有了八月十四尝新"鱼生节"了。当时家养的鸡鸭猪羊很少，亲戚朋友来到家就只有杀鱼招待。每一家满桌都是鱼做的菜，或煎，或焖，或煮汤，或做鱼丸、鱼扣，但一定有切片的鱼生。那天来吃饭的亲戚朋友，在吃一顿百鱼宴之后，主人还会送给每人一条鱼，让他们带回家。这个风俗一直流传至今。

现在的板蔡已经成为有 9 个姓氏 500 多人的村屯了。这里的习俗是每年两次宴请亲戚朋友。第一次是农历二月初二板蔡屯的传统节日。这一天，村民会杀鸡宰羊，宴请宾客，许多人还忙着祭神、斗鸡、斗狗、斗鸟、对唱山歌，等等，到处欢声笑语，鞭炮声此起彼伏，整个村庄便成了欢乐的海洋。第二次就是农历八月十四，板蔡屯特有的"鱼生节"了。农历八月十四请客到家吃饭这个习俗已经延续了很长时间，被大家称为"鱼生节"也就近 20 年的事而已。但板蔡屯这里请客时家家户户必备鱼生，应该是这个节日得名的重要缘由。

鱼生，是广西的一道名菜，其起源已经无法追溯，但可以肯定的是历史十分久远。隆安县关于吃鱼生的记载可以从徐霞客的《粤西游日记》里见到。明代崇祯十年（1637），徐霞客在都结土州游览时，州官接待他的肉菜里就有鱼生。在相村（今南圩镇爱华村内厢屯）"诸峒丁各举缯西流，而渔得数头，大止尺五，而止有锦鲤，有绿鳜，辄驱牛数十蹂践其中。已复匝而缯焉，复得数头，其余皆细如指者。乃取巨鱼细切为脍，置大碗中，以葱及姜丝与盐醋拌而食之，以为至味。余不能从，第啖肉饮酒而已"。

鱼生吃法大同小异，就是生鱼片和各式佐料的配合。各地吃法的变化就在于佐料的配制。将"鱼生"发扬光大到设立"节日"来吃的，按目前所能列举的只有隆安小山村板蔡一处了。

鱼生节这天中午时分，全村处处饭菜飘香，村里的通道上到处是来往的人和停放的各式车辆，从四面八方来这里的亲朋好友一到就可以入席吃饭了。女人们边吃饭菜边聊家长里短，喜欢吃鱼生的女人并不是很多，她们把这个一年一度的节日当作交流生产生活经验的舞台。小孩子们吃饭则很快速，他们主要是跑村前跑村后，你追我赶不停打闹，可不管什么鱼生节的。男人绝对是鱼生节的主角，他们本来就是为品尝鱼生和喝酒而来的。

在板蔡屯的鱼生节上,每一家都会邀请来三五桌客人,多的七八桌。如果你是个酒量不错的客人,可以吃了这家再到另一家,爱进哪家就进哪家。主人们也不管认不认识你,都会毫不犹豫、十分热情地拉你到宴席上,请你品尝他们亲手制作的鱼生,当然还有鸡鸭羊狗,甚至各种野味。品尝鱼生的宴会,从中午一直到月挂中天。全村家家户户使出浑身解数做出美味的菜肴,亲朋好友之间盛情劝酒,大家都是满怀期待而来,满心欢喜而归。当然每一年也都会有些爱好鱼生又恋酒的客人不知归途。

板蔡尝新节中的鱼生节,每年的重点菜必定是鱼生,年年都这么热闹。但有一点遗憾的是,如今全村各户所上桌的美味鱼生不一定是板蔡农户自家旁边池塘里的肥鱼,而是街上采购来的。因为这里村头村尾的20多口池塘大多承包出去让专业户养鱼了,而且池塘的水量在减少,水质在变差,大家不太喜欢用池塘里的鱼做鱼生,其他地方出产的活鱼则占了很大的比例。

五 冬之歌

仓神节

农历十月，水稻经过收割、打谷、晾晒，即可归仓。谷仓是存放稻谷的地方，经过一年辛辛苦苦劳作而收获的粮食如果因收藏不当而遭霉变、虫咬鼠啃，那是令人极为痛心的。由于旧时各项设备落后，

奉神是老妇人的工作
王佑　摄

粮食的保管是一大难题，鼠噬、霉变腐烂、虫蛀的现象经常发生，所以壮族农家对谷仓极为重视，人们求助于神灵，想象谷仓也有仓神的存在，于是在十月十日过仓神节。这一天，稻农们制糯糍、备酒肉，拜祭仓神、祖灵和土地公，祈求帮助管好稻谷，防止各种虫害。

  根植于隆安壮族的民间传统节日，在历史的演变过程中，所受到的影响是多方面的，但最主要的是稻作生产及由稻作生产所孕育的习俗，从而形成了一些别具一格的地方性节日。由于当时科学发展水平的限制，这些节日的产生和流变都与民间信仰有着天然的关系，具有浓重的宗教、巫术色彩。稻神，作为确保水稻丰收的保护神，在壮族人民心中具有崇高的地位，每个季节都要祭祀。因此，祭祀稻神的节日，犹如一首首传唱不歇的山歌，荡漾在稻民们的春播、夏长、秋收、冬藏中，一年又一年，一代又一代，流传千年，历久弥新。

图书在版编目（CIP）数据

稻神的四季歌 / 雷英章, 陆有作著. — 郑州：中州古籍出版社, 2018.5
（华夏文库民俗书系）
ISBN 978-7-5348-7861-9

Ⅰ.①稻… Ⅱ.①雷… ②陆… Ⅲ.①壮族 – 祭祀 – 少数民族风俗习惯 – 广西 Ⅳ.①K892.318

中国版本图书馆CIP数据核字（2018）第106623号

华夏文库·民俗书系
稻神的四季歌

总 策 划　耿相新　郭孟良
项目协调　单占生
项目执行　萧　红
责任编辑　张　佳
责任校对　牛冰岩
封面设计　新海岸设计中心
版式设计　曾晶晶
美术编辑　王　歌

出　　版　中州古籍出版社
　　　　　地址：河南省郑州市经五路66号
　　　　　邮编：450002
　　　　　电话：0371-65788693
经　　销　新华书店
印　　刷　河南新华印刷集团有限公司
版　　次　2018年7月第1版
印　　次　2018年7月第1次印刷
开　　本　960毫米×640毫米　1 / 16
印　　张　9印张
字　　数　100千字
印　　数　1-2000册
定　　价　23.00元

本书如有印装质量问题, 由承印厂负责调换。